AF404506

GLENNE

VAUTHEAU

LA TOISON

PAR

Eugène FYOT

AUTUN

IMPRIMERIE ET LIBRAIRIE DEJUSSIEU

1906

GLENNE

VAUTHEAU

LA TOISON

PAR

EUGÈNE FYOT

AUTUN
IMPRIMERIE ET LIBRAIRIE DEJUSSIEU
1906

LA

CHATELLENIE DE GLENNE

PAR

Eugène FYOT

EXTRAIT DES MÉMOIRES DE LA SOCIÉTÉ ÉDUENNE
(NOUVELLE SÉRIE), TOME XXXII.

LA

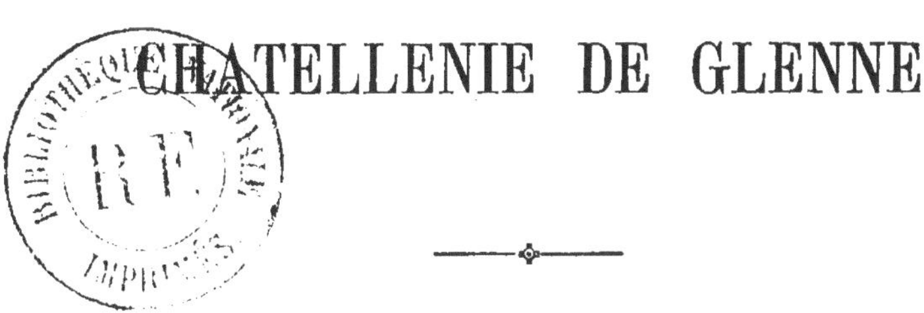 CHÂTELLENIE DE GLENNE

L'histoire de la Châtellenie de Montcenis, jusqu'à l'annexion de la Bourgogne à la couronne de France, nous a fait connaître l'organisation d'un domaine ducal dont la totalité des ressources contribuait à l'entretien d'une forteresse. La Châtellenie de Glenne, aussi bien sous les ducs que sous les rois de France, pourra servir de type à la châtellenie de rapport.

Longtemps, il est vrai, le territoire de Glenne fut soustrait à l'influence des ducs de Bourgogne, mais lorsque ceux-ci, par de patientes acquisitions et d'importants compromis avec l'évêché d'Autun, eurent enfin constitué leur châtellenie, elle devint pour eux l'une des sources de revenus les plus importantes de l'Autunois.

Trois phases principales peuvent diviser l'histoire de Glenne : la première, comprenant la formation de la châtellenie ; la seconde, embrassant la période d'administration par les officiers ducaux ; la troisième enfin, suivant les transmissions de Glenne sous le gouvernement royal.

PREMIÈRE PÉRIODE

FORMATION DE LA CHATELLENIE

DE 1076 A 1347

Commençons par dire que le nom de Glenne ne peut donner, sur les origines préhistoriques de la région, aucune indication sérieuse. L'étymologie de ce vocable, souvent retrouvé en France dans les noms de localités fort éloignées les unes des autres[1], semble provenir du celtique, sans qu'on ait jamais pu lui attribuer une signification précise. En Écosse, le terme « Glenn » s'emploie bien pour désigner un vallonnement, une colline peu élevée, mais il serait peut-être téméraire d'en tirer une déduction certaine pour le cas qui nous préoccupe. Le meilleur est assurément de garder sur ce point une prudente réserve.

Un pan de tour en ruines, une croix de bois élevée sur l'emplacement présumé de l'ancienne chapelle dédiée à la sainte Croix, quelques terrassements, sont les seuls vestiges du château de Glenne. Si ce château n'eut pas une grande importance stratégique pour la défense du pays, ses ruines, perchées sur d'énormes rochers quartzeux au milieu des bois, laissent supposer pourtant que les premiers seigneurs y trouvèrent un abri sûr et une position forte.

Mais ces ruines, les terrassements surtout, sont pour la plupart antérieurs au moyen âge. M. Bulliot, dans son *Essai sur le système défensif des Romains dans le pays éduen,* n'hésite pas à y placer un *castrum* de l'époque gallo-romaine. Voici, du reste, ce qu'il en dit : « A quelques pas de la voie romaine qui traversait la chaîne du Morvan, du haut de son

---

1. Il existe un *lieu-dit* de ce nom dans la commune de Saint-Martin-du-Lac (Saône-et-Loire). V. *Mémoires de la Société Éduenne,* t. XXVII, p. 307. En 1100, un certain Bernard de Glenne, *miles,* donna à Cluny un manse et un moulin sur la rivière du Grison. V. *Chartes de Cluny,* n° 3750.

nid d'aigle, le camp de Glenne (*Glanum, castrum de Glana,* château sur une vallée), dont le nom celtique indique la situation escarpée, surveillait les lignes tortueuses de cette voie jusqu'au Beuvray. Dominant des gorges sauvages aux flancs hérissés de rocs, appuyant son enceinte sur des blocs quartzeux dont les pointes blanches percent au milieu des arbres comme des menhirs, le castrum de Glenne présente un aspect druidique. A son entrée, un amas épais de cendres et d'ossements d'animaux rappelle la consécration et les sacrifices. De fortes murailles couronnèrent, dès l'époque romaine, ses assises inébranlables marquées des traces de l'incendie. Il est jonché de débris de tuiles à rebords et de poterie noire[1]. Un seul pan est resté debout, comme le gardien de ces ruines. La maçonnerie, excepté dans les revêtements, se compose de moellon noyé dans le mortier. L'enceinte des murs se suit partout sur l'arête des rochers. Elle décrivait une ligne à peu près ovale, renfermant deux étroites terrasses superposées en gradins et couvertes de fortifications. Une chapelle du moyen âge y a laissé quelques vestiges. Au nord et au sud-ouest, un énorme *vallum,* large généralement de vingt mètres, et dont les déblais ne permettent plus de sonder exactement la profondeur, entourait la butte principale sur les deux tiers de sa circonférence, deux cent quinze mètres. Le surplus, assis sur un roc, à cinquante mètres au-dessus des pentes rapides de la montagne, bravait toute attaque. Une seconde circonvallation, à quelque distance, englobait, à côté de la première et avec elle, un vaste terre-plein et un second îlot de rochers fortifiés. Au nord et à l'ouest, on montre dans ce vallum, comme à Beuvray, *les grandes Portes* défendues à leur entrée par différents travaux. Au nord, les terrassements, les ruines des murs en pierre sèche ferment tous les accès. Le chemin du puits est longé par

1. On y a trouvé une médaille d'argent de Balbin.

une forte chaussée, et l'on s'explique toutes ces précautions par la difficulté de se procurer de l'eau sur ce pic aride. La principale sortie du camp semble avoir été ménagée entre les rochers de la grande enceinte, sur l'arête de la montagne, en face de Beuvray. Une voie tirée en ligne droite mettait ces deux sommets en rapport, disent les vieillards. Cette direction est encore parfaitement visible. On en suit la trace sur une longueur de cent mètres ; la chaussée, partout saillante et empierrée, porte près de quinze mètres de largeur. Une quantité considérable de ruines à fleur du sol, au sud-ouest, indiquent d'autres fortifications ou des habitations abritées sous la protection du château. Au milieu du camp, entre les deux groupes de rochers, existait un oratoire antique converti en une chapelle différente de celle dont on a parlé plus haut. Celle-ci est entièrement détruite. Les villageois, pour simuler aujourd'hui sa voûte écroulée, courbent sur son emplacement et attachent par leurs extrémités les branches des arbustes. Ils viennent à la Chandeleur déposer quelque monnaie et des œufs sur les débris pour faire prospérer les abeilles. »

Après l'évocation de ce passé lointain qui ne revit que par les vestiges et par les légendes, arrivons à l'histoire éclairée par les documents. Aussi loin que ceux-ci nous permettent de remonter, le territoire qui devait plus tard former la châtellenie de Glenne, cette partie de l'Autunois confinant au Beuvray, nous apparaît comme une dépendance de l'évêché d'Autun. Les seigneurs de Glenne offrent, en effet, plusieurs exemples de reconnaissances qui ne laissent aucun doute à cet égard. Nous savons que l'Église avait été autorisée par la papauté à rétrocéder ses trop vastes possessions à des feudataires qui demeuraient ses vassaux[1]. C'est en vertu de cette con-

---

1. V. la *Châtellenie de Montcenis*, par E. Fyot, Mém. de la Soc. Éd., t. XXIX, p. 292, note 1.

cession ecclésiastique que, dès la fin du onzième siècle, apparaissent les seigneurs de Glenne. Mais les renseignements sur les premiers d'entre eux se réduisent à bien peu de choses, et nous devrons nous borner, en ce qui les concerne, à une nomenclature presque sèche.

Le plus ancien, *Ponce de Glenne*, chevalier et seigneur du lieu, se disait « avoué », [1] de Saint-Symphorien d'Autun en 1076, et fut considéré comme un des bienfaiteurs de l'abbaye. Il partit à la voix de Pierre l'Ermite pour la première croisade, et se signala par son courage autant que par ses aumônes [2]. Après lui, en 1098, une charte du Cartulaire de Saint-Symphorien, n° 9, cite *Theobaldus Glanonis, miles*, sans autre désignation.

Gauthier de Glenne (*Galterius de Glana*) succéda à ce dernier en 1112. Nous ne savons rien de lui, sinon qu'il fit, au chapitre d'Autun, plusieurs libéralités, parmi lesquelles on relève le don d'une terre sise à Laizy, dont le seigneur de Glenne se dessaisit pour le bien de son âme, « pro anime sue remedio ». Ces diverses donations furent confirmées par le pape Innocent II, dans une bulle datée de Lyon, le 26 février 1132 [3]. Gauthier mourut en 1150 ; il s'intitulait alors archidiacre cardinal d'Autun. [4]

Elle passa, après la mort de Gauthier, à *Renaud de Glenne* et à son fils *Ponce* qui donnèrent à l'Église d'Autun, en 1178, la montagne de Romenay [5], « qui dicitur Romanacus » et la vigne du clos de Vilers, « qui dicitur clausum de Vilers » [6].

---

1. Les avoués, tirés de l'ordre de la noblesse, étaient alors chargés de l'administration des biens ecclésiastiques qu'ils défendaient à main armée. Ils étaient les généraux des serfs de l'Église, leur rendaient la justice et plaidaient leurs causes. Choisis par les évêques, les abbés ou les chapitres, ils étaient en général richement rémunérés.

2. *Gallia christiania*.

3. *Cartulaire de l'Évêché d'Autun*, par A. de Charmasse, t. I, p. 6.

4. Il y avait dans le diocèse quatre archidiaconés, l'*archidiaconus cardinalis*, le premier en rang était l'archidiacre d'Autun.

5. Romenay, commune de Biches (Nièvre).

6. Lieu d'une situation indécise.

Cette donation stipulait que l'on devrait entretenir, jour et nuit et à perpétuité, un cierge allumé devant l'autel de Saint-Nazaire[1]. Le père et le fils partirent à tour de rôle pour la Terre sainte; Renaud prit part à la croisade prêchée par saint Bernard, en 1146, et Ponce fut l'un des nombreux chevaliers qui se rendirent à Vézelay, en 1190, pour suivre Philippe-Auguste et Richard Cœur de Lion en Palestine.

Dans l'intervalle, une fille de Renaud, *Alix de Glenne*, avait épousé Jean Ier de Chatillon-en-Bazois, en 1171. Après la mort de son père, et sans doute après celle de son frère Ponce, Alix transporta ainsi dans la maison de Chatillon les fiefs de Glenne, de Roussillon[2] et de la Roche-Millay[3], possédés antérieurement par la maison de Glenne. Alix mourut à Glenne le onzième jour des calendes d'août de l'année 1233[4], donnant à l'Église d'Autun, pour son anniversaire, cinquante sous parisis. Elle avait en outre, avec l'assentiment de son fils, légué pour le bien de son âme des sommes d'argent variant de quatre à cent livres à de nombreuses églises de la région, parmi lesquelles les églises de Belval[5], de Saint-Nazaire, de Saint-Lazare et de Saint-Martin d'Autun, de Saint-Symphorien, d'Anost, de Verrière, de Glenne, de Villapourçon, de la Roche-Millay, de Laizy, etc..... [6].

Elle laissait un fils, *Eudes, seigneur de Chatillon*, qui lui succéda. Le seul souvenir laissé par lui est une donation de cinq sous sur les foires du Beuvray, faite en mars 1236 à l'Église d'Autun, « pro remedio anime sue. »[7]

La suzeraineté de Glenne était alors un inépuisable sujet

1. *Cartulaire de l'Évéché d'Autun*, par A. de Charmasse, t. I, p. 108.
2. Roussillon (Saône-et-Loire).
3. La Roche-Millay (Nièvre).
4. 21 juillet 1233.
5. Bellevaux, abbaye de l'ordre de Prémontré, commune de Limanton (Nièvre).
6. *Cartulaire de l'Église d'Autun*, par A. de Charmasse, p. 147. Voir la table géographique du même cartulaire pour identifier les localités.
7. Id., p. 150.

de contestations entre l'évêque d'Autun et le comte de Nevers. Nous n'en connaissons pas les motifs, mais Courtépée nous apprend[1] que ces différends furent terminés par une sentence arbitrale rendue en 1239, en vertu de laquelle il fut ordonné « que l'on ne pourrait se rien redemander pour raison de blessures, infractions, incendies de villes et de maisons faites de part et d'autre ; » singulière justice de réciprocité, absolvant un crime par un autre crime !

Eudes de Chatillon eut trois enfants : Jehan, Marguerite et Jehanne. C'est aux deux filles qu'échut, par moitié, le fief de Glenne. Marguerite épousa Estevenot ou Stéphane, fils d'Hugues de Neublanc, et lui porta sa part. De son côté, Jehanne épousa Jehan de Cuiseaux. Ainsi, les deux seigneurs de Glenne furent conjointement, pendant quelques années, *Stéphane de Neublanc* et *Jehan de Cuiseaux*. Mais cette situation fut de courte durée. Bientôt, Stéphane de Neublanc fut contraint d'emprunter, pour lui et pour son père Hugues, six cents livres à son beau-frère Jehan de Chatillon, et lui donna comme gage, le 3 avril 1253, ses droits sur la moitié de Glenne. Jehan s'obligea, d'ailleurs, à prendre soin du domaine et « mit en la main » des emprunteurs dix chevaliers comme cautions et otages[2] ; « car, disait-il, j'ay juré sor seinz évangiles de rendre lou chastel et la chastellenie de Glane et les apertenances dès la Touzseinz en la totes les foiz qu'ils me rendroient lesdites VI[c] livres. »[3]

D'autre part, la situation de Jehan de Cuiseaux n'était guère plus prospère. Lui aussi fut forcé d'engager sa part sur Glenne pour deux emprunts consécutifs qu'il fit à

---

1. Tome II, p. 573.
2. Les dix chevaliers dont il est question se nommaient Girard de Varenne, Hugues Coquin, Hugues Parcevaul, Guillaume Moart, écuier, Pierre lou proost de la Roche, Pierre Coquin, Guy lo Borgoin, Pierre de Montenteaume, Hugues de Lucenay, chevaliers, et Guy de Monz, écuyer.
3. *Cartulaire de l'Évéché d'Autun*, par A. de Charmasse, p. 117.

Girard, évêque d'Autun. Une première fois, le 11 janvier 1255, l'évêque acquitta, pour le sire de Cuiseaux, une dette de 50 ll que celui-ci devait à Guillaume, vierg d'Autun. Une seconde fois, en mai 1258, Jehan de Cuiseaux reçut directement de l'évêque Girard une somme de 600 ll viennoises. [1]

Quant à Stéphane de Neublanc, il fut lui-même obligé de recourir aux bons offices de l'évêque et mit en gage sa part de Glenne pour un prêt de 400 ll viennoises. C'était, somme toute, un gage en second que Jehan de Chatillon dut racheter à l'évêque, en même temps, sans doute, que la part de Jehan de Cuiseaux ; car, deux années plus tard, au mois d'octobre 1260, nous trouvons la châtellenie entière entre les mains de *Jehan de Chatillon* [2]. C'est du moins ce qui ressort de la lettre suivante dont nous citons les passages essentiels :

Nos Robertus, Dei gratia Nivernensis episcopus, et nos frater Pontius, abbas sancti Loci, etc....... notum facimus universis quod nobilis vir Johannes de Castellione (en Bazois) recognovit et recognoscit in presentia nostra, propter hoc constitutus, se tenere a venerabili patre Girardo, Dei gratia Eduensi episcopo, nomine episcopatus Eduensis, castrum Glane et totam castellaniam cum omnibus feodis tam infra quam extra existentibus, possessionibus, redditibus, justiciis, dominiis, juribus et quibuscumque rebus aliis ad dictum castrum vel ejus castellaniam spectantibus....... [3]

Les fiefs mouvants de Glenne à cette époque sont contenus dans une pièce datée du 12 juin 1262 et relatée au *Cartulaire de l'Évêché d'Autun*, p. 207. Voici le résumé de cette pièce :

Pierre de Reclenne, chevalier, et Durand, chapelain de Glenne, affirment que tout ce que les seigneurs de Verrière tiennent dans la vallée de Somans relève de Glenne. Le Sr de la Perrière doit aussi hommage au Sr de Glenne « Item dominus de Perreria debet esse in

---

1. *Cartulaire de l'Évêché d'Autun*, par A. de Charmasse, p. 122.
2. Ces obligations à gages étaient devenues nécessaires à la suite des ordonnances de 1240 et de 1254 qui prohibaient le prêt à intérêt.
3. *Cartulaire de l'Évêché d'Autun*, par A. de Charmasse, p. 113.

homagio domini de Glane, de tribus levibus[1], de quibus Estan est jurabile et etiam reddibile. »

Le territoire de la Celle[2] dépend de Glenne.

Renier d'Estan en relève pour ce qu'il possède à Musies, à la Place, à Champrond et à Rully.

Item le Sr de Chaseul « super omnia levia » et Chaseul.

Item Laizy — item le Sr de Vauteau (de Vautouello) et sa maison forte — item les Srs de Couches et de la Roche de Nolay — item le S^r de St Léger du Bois pour Longchamp, le Clou et St Léger — item le Sr de Lally pour ce qu'il possède à Chancigny, Muse et Azé — item le S^r d'Igornai — item le Sr de Bois-Thierry pour ce qu'il possède dans la paroisse de Tavernay — item le prévot de Somans — item Girard de St Symphorien — item les Boisserans d'Autun ; Hugues de la Tour et Girard de Visegneux pour ce qu'il tient à Longeverne et à St Léger — item le fils de Guillaume Cadou, les Srs de la Comelle, les héritiers de Gaudefroy Besort, Huguenet de St Léger, la veuve du sire de St Aubin, la veuve du sire de Bordeaux et la dame de Billey.

Le seigneur de Glenne à la grande justice au territoire de Lieu, et une partie de St Prix lui doit hommage.

Pierre d'Arcy relève de Glenne pour ce qu'il a dans la châtellenie.

Item Gauthier de Valle, Guion de Borz, Pavoz, le nommé Taverne, Pierre de Reclennes, Girard de Moncharme pour ce qu'il possède sous Touchebon et le prévot de Glenne.

Enfin, le vendredi après la fête de St Barnabé 1262, sur le pont de Glenne, Guillaume de Marigny fit foi et hommage à Jehan Sr de Chatillon et de Glenne pour le chateau de Marigny, et la villa de Barbarie. Les témoins de l'acte furent le prêtre de la Roche Guillaume, le Sr Guy de Barbarie et Gerard, clerc d'Oucepoy.

Comment se fait-il qu'au mois de mai 1268, Marguerite de Chatillon, autorisée par son mari, Stéphane de Neublanc, fasse encore une reconnaissance à l'évêque d'Autun pour la moitié de Glenne?[3]. Ce fait s'explique en supposant que Stéphane de Neublanc, réduit à la saisine de droit, n'avait

---

1. Selon du Cange, *levibus* aurait ici le sens de fiefs, mais il donne cette expression comme douteuse.

2. Pour la désignation plus spéciale des localités, consulter la table géographique du *Cartulaire de l'Évéché d'Autun*.

3. *Cartulaire de l'Évéché d'Autun*, par A. de Charmasse, p. 206.

pas renoncé à l'espoir de rentrer en possession effective de son fief par le remboursement de sa dette. Mais cet espoir fut déçu, car la propriété complète passa quelque temps après à Jehan de Chatillon.

Ce dernier fut marié deux fois. De son premier mariage il eut une fille qui épousa le sire de Saint-Verain. Du second mariage il eut trois enfants, Jehan, écuyer, Henri, chevalier, et Hugues, clerc. Le sire de Saint-Verain et sa femme moururent prématurément, laissant un fils nommé Gibault, incapable de défendre ses droits contre la cupidité de ses oncles. Ceux-ci en profitèrent pour usurper la plus grande partie de l'héritage de leur neveu. C'est en 1289 seulement que *Gibault de Saint-Verain* [1] s'avisa de revendiquer ce qui lui était dû. Il intenta un procès à *Jehan,*

---

1. *Maison de Saint-Verain.* — La maison de Saint-Verain, originaire du Nivernais, était fort ancienne; voici sur elle quelques documents succincts, extraits des archives de la Côte-d'Or et des titres de Nevers :

Les deux frères Gibauld et Regnauld de Saint-Verain figuraient comme témoins pour Guy, comte de Nevers, en 1173. Puis nous trouvons successivement : Hugues de Saint-Verain, en 1198; Pierre de Mello, Sr de Saint-Verain, en 1209 ; Renaud de Saint-Verain et sa femme Agnès, en 1223; Hugues de Saint-Verain avec sa femme Isabeau, de 1226 à 1259; Gibaut de Saint-Verain, en 1289; et son oncle Jehan, archidiacre de Sologne, donataire de son neveu; Guy de Saint-Verain, sire d'Asnois, en 1305; Jeanne de Saint-Verain, demoiselle de Vaignory, en 1316 ; Hugues IV de Saint-Verain et la demoiselle de Sainte-Hermine, sa femme, en 1320; Guyot de Saint-Verain, écuyer, seigneur d'Asnois et sa femme, Isabeau de la Rivière, en 1324; Jean, prieur de Saint-Verain, et Gibaut, Sr de Saint-Verain, de la Celle et de Saint-Julien, en 1326; Gibaut de Saint-Verain et Jeannette de Courcelle, sa femme, en 1331; Huguenin de Saint-Verain, en 1334 ; Marguerite de Saint-Verain qui rend hommage à Jehan d'Amboise, Sr de Saint-Verain, en 1336; Étienne de Saint-Verain, en 1338; il était chevalier, sire de Jussy, en Auxerrois et réformateur en la comté de Bourgogne; son sceau portait de..... au chef chargé de trois espèces d'écussons alternant avec les trois pendants d'un lambel. Viennent ensuite, en 1358, Jean de Saint-Verain dont le sceau porte une croix au lambel de..... à cinq pendants, et en 1384, Jean de Saint-Verain, clerc et commissaire enquêteur, dont le sceau porte un chevron accompagné de trois lions naissants et, comme timbre, une sorte de pélican avec un phylactère. Il épousa, en 1396, Isabeau de Pacy, veuve de Mile, Sr de Noyers et de la Celle; sa femme lui apporta ses titres et la moitié de la seigneurie de Noyers. Il était, en 1401, président de la chambre des enquêtes à Paris. Un Jean de Saint-Verain est dit, en 1405, écuyer sous le Sr de Coulches et porte les titres de sire de Marmeaux et de Pacy. A la montre du comte de Nevers, en 1410, figure Bureau de Saint-Verain, écuyer. C'est dans la première partie du quinzième siècle, que s'éteint la famille originaire de Saint-Verain, par la mort sans postérité des enfants de Jean de Saint-Verain, président

Henri et Hugues de Chatillon, en se basant sur ce que la coutume locale voulait qu'il eût tout d'abord la moitié des biens possédés par messire Jehan, son père, au moment de son premier mariage, la moitié de ce que nous appellerions aujourd'hui les acquêts de communauté, « avec lou meillor maneu [1], » et enfin le quart du surplus, représentant « sa partie de frèrage. » Il réclamait en outre 12,000[ll] d'indemnités pour les arrérages induement perçus par ses oncles. Ceux-ci, comme bien on pense, faisaient la sourde oreille, et il fallut l'intervention d'un « conseil de bones genz » présidé par Pierre, évêque d'Orléans, pour amener les parties à une transaction au mois de décembre 1289. En vertu du compromis, Gibault prit pour sa part la maison de Vilaine en Bazois, celle de Tavernay, la moitié de Glenne, et quelques autres domaines de moindre importance. [2]

A peine en possession de son héritage, Gibault s'en dessaisit, le 20 avril 1294, en faveur de son oncle, *Jehan de*

---

de la chambre des enquêtes. Seule, sa petite-fille, Isabeau de Saint-Verain, demoiselle de Montcoquier et d'Asnois, épousa Jean du Colombier dont elle eut un fils, Pierre du Colombier. Elle était veuve déjà en 1419, année où elle fit son testament, mais ne mourut que fort longtemps après, car c'est en 1469 seulement que son fils Pierre entama un procès pour réclamer la succession de Gibault, Bureaul, Marguerite et Jean de Saint-Verain, ses grands-oncles et grand'tante, du chef de sa mère, nièce des trépassés. Le procès se termina par une transaction avec Jeanne de Coulches, autre héritière indirecte. Ainsi les héritiers du nom étaient bien éteints, mais la dénomination de Srs de Saint-Verain passa avec les terres, vers 1425, sans doute par suite d'une vente, aux d'Amboise d'Aigreville. C'est pourquoi nous trouvons, en 1427, demoiselle Isabeau d'Amboise d'Aigreville d'Asnois et de Saint-Verain-les-Boys. La seigneurie était, en 1480, divisée entre les d'Aigreville et Louis Trousseau, Sr de Rosemont. Une série de ventes, toutes faites en cette année 1480, rendit les comtes de Nevers possesseurs des territoires de Saint-Verain.

Les Saint-Verain étaient alliés très anciennement aux Mello (1209) ; aux Chatillon, par le mariage d'un sire de Saint-Verain avec une Chatillon, vers 1270 ; aux Chastellux, par le mariage de Jeanne de Saint-Verain avec un Chastellux, en 1385 ; aux du Blé, par le mariage d'Anne de Saint-Verain avec Claude du Blé, en 1447 ; aux la Rivière, par le mariage de Guyot de Saint-Verain avec Isabeau de la Rivière, en 1324.

Les armes reconnues de Saint-Verain figuraient aux vitraux du château du Rousset, près d'Arnay-le-Duc. Elles étaient d'argent au chef de gueules.

1. Manoir.

2. *Cartulaire de l'Évéché d'Autun,* p. 213.

Saint-Varain, archidiacre de Sologne en l'Église d'Orléans, en échange d'autres avantages. Mais Jehan de Saint-Verain chercha lui-même à faire argent de son domaine, et vendit sa moitié de Glenne, le 14 juin suivant, à *Hugues d'Arcy, évêque d'Autun*, pour le prix de 3,500 livres tournois. Il était, en outre, stipulé qu'une messe du Saint-Esprit serait chantée chaque année à l'église d'Autun pour le vendeur, pendant sa vie, et en anniversaire après sa mort. [1]

L'évêque Hugues s'empressa de confirmer, en 1296, la rente de soixante sous viennois, réservée par Jehan de Saint-Verain au chapitre de l'Église d'Autun pour le service de la messe annuelle du Saint-Esprit.

C'est ainsi qu'une partie de Glenne retomba au pouvoir de l'évêché d'Autun, son possesseur primitif.

Pendant ce temps, que devenait la seconde moitié restée aux mains des sires de Chatillon? Sans doute, leur possession indivise leur était à charge, et ils entrèrent facilement dans les vues du duc Robert II qui cherchait à acquérir de nouveaux domaines. C'est, du moins, ce qu'il est permis de conjecturer, car si nous savons pertinemment que le duc de Bourgogne, vers la fin du treizième siècle, se rendit acquéreur de la moitié de Glenne, l'acte de transmission est resté introuvable. Notre conviction se fonde sur un passage d'une charte de 1360, dans laquelle l'évêque Réginald ou Renaud de Maubernard approuve cette acquisition pour mettre fin aux conflits dont nous parlerons plus loin. Voici le texte en question :

..... Item nos approbamus et laudamus acquestum factum olim per inclite recordationis dominum Robertum, ducem Burgondie de medietate pro indiviso castri et castellanie ac pertinenciarum de Glanna, quam medietatem dictus dux, tempore quo vivebat, acquisivit sine consensu episcopi Eduensis, de cujus feodo tenebatur, et

---

1. *Cartulaire de l'Évêché d'Autun*, p. 220.

ea dictus dux tenebat et possidebat, tenet et in presenti dictus Philippus dux et possidet..... [1]

Ainsi, l'achat de la moitié de Glenne s'était fait au mépris des droits d'approbation de l'évêque d'Autun, son suzerain. Quelques acquisitions moins importantes l'avaient même précédé. Dès l'année 1293, le duc Robert avait acquis le fief de Guillaume Testedeuf, composé des meix de Guillaume Rousset, Morin Bricot, Regnaut Caresmentrant, Jehan Berchelly, et de Jeannette, fille de Moreal Bouley; le tout situé au petit Recey, en la paroisse de Verrières, et mouvant des seigneurs de Glenne.

Au reste, ces premiers achats avaient reçu l'approbation épiscopale; mais la transmission de la moitié de Glenne, pour laquelle le duc Robert n'avait pas jugé à propos de remplir la même formalité, fit naître un interminable conflit qui divisa les ducs de Bourgogne et les évêques d'Autun durant plus de cinquante ans.

Les difficultés commencèrent en 1307, deux années après la mort du duc Robert. Eudes IV se trouva bientôt en butte aux protestations de l'évêché qui prétendit exercer la commise sur le fief de Glenne, aliéné sans son autorisation, et réclama les arrérages perçu par les ducs. Mais la mesure était grave, et l'évêque d'Autun se décida à temporiser pour parvenir à une transaction. Bientôt, en effet, les parties convinrent de recourir à un arbitrage pour trancher d'une façon définitive les questions qui les divisaient.

Le duc de Bourgogne visait à la possession complète de Glenne et offrait à l'évêque d'Autun des compensations sérieuses contre l'abandon qui lui serait fait de la moitié restant aux mains de l'évêché.

On chercha donc des arbitres et les choix furent ainsi répartis : pour l'évêque, Simon de Pontaillier, sénéchal d'Autun, et Mre Jehan d'Ambornay, trésorier de Lyon ; pour

---

1. Arch. de la Côte-d'Or, B, 1052.

E. F.   2

le duc, Jehan de Valerot et Mre Hugues de Sauvement, chevalier. La réunion se fit en la grange de Jailly, près de Touillon[1], appartenant aux moines de Fontenay, le lundi après la fête de Saint-Nicolas d'été de l'année 1321, et les arbitres, après l'audition des parties, tombèrent d'accord sur tous les points[2]. La transaction contient le dispositif suivant :

Désirant être en paix et tranquillité et mettre fin à la question, transigeons ainsi qu'il suit : Nous, évesque consentons et approuvons l'aquest que le duc de Bourgoigne, qui por le tems estoit, fit de ladite moitié dou chasteaul et de la chastellenie. Item délivrons en héritaige perpétuel audit duc l'autre moitié dudit chasteaul, laquelle moitié nous dits evesques tenons par non devis avec tous droits, en telle manière que les dits ducs les tiendront en fiefs desdits évesques. Item que por ces choses nous ducs dessus dits baillerons audit evesque qui or est, en domaine et heritaige perpetuel quatre cens livrées de terres franches et quittes de toutes charges, lesquelles quatre cens livrées soient assises en l'éveschié d'Ostun, ou autre part, le mieux qu'il se pourra.

Les chanoines Simon de Dinteville, Regnault de Cusance et Thiébault de Morey avec Jean de Saint-Valérien, leur doyen, se portèrent forts de la ratification du chapitre, en présence des témoins suivants : « Nobles et discrètes personnes Mons. Mile Sr de Noiers[3], Mons. Guillaume, sire d'Espoisse[4], Mons. Alexandre de Blaisy, chevaliers ; Me Johan Dostun, archeprestre dou Bos, curé de Ozole[5], Me Eude de Estalencé, curé de Grisigny[6], Me Richard Oppinel de Flavigny[7], Me Guillaume de Aiserey le June, Me Pierre de Molinet, saiges en droit ; Me Jehan Garnier, archeprestre de Flavigny,

---

1. Touillon, canton de Montbard (Côte-d'Or).
2. Arch. de la Côte-d'Or, B, 1250.
3. Noyers, ar. de Tonnerre (Yonne).
4. Époisses (Côte-d'Or).
5. Ozolles-en-Charollais.
6. Grésigny (Côte-d'Or).
7. Flavigny (Côte-d'Or).

curé de Chaacy[1], Symon de Buxières, archeprestre de Quarrées, curé de Dompierre[2], Johan, curé de Gascoigne et Johan Baudoin de Semur, de l'évesché d'Ostun, » et quelques autres.

L'évêque Hélie fit officiellement connaitre cette transaction par lettres patentes dont la teneur suit :

Nos Helyas, miseratione divina episcopus Eduensis, notum facimus universis quod cum virtute transactionis perlocute inter nos, nomine Episcopatus nostri ex una parte, et excellentem principem dominum Odonem ducem Burgondie ex altera, super controversia inter nos pendente ratione medietatis proprietatis et dominii castri et castellanie de Glana, dominus Dux nobis et Episcopatui nostro quadraginta libras turonenses annualis redditus, sub certis modis et conventionibus debeat assignare ; placet nobis et volumus ac etiam consentimus quod dominus Dux qui nihil etiam dicitur declinare, nobis et episcopatui nostro assideat et assignet, in attenuationem et deductionem reddituum predictorum, secundum usus et consuetudines Burgondie, redditus et proventus quos habet et habere potest apud Moloseyum et apud Manletum, et apud locum quod dicitur le Porriot, in quibuscumque rebus et juribus consistant dicti redditus et proventus necnon et feodum et homagium de Sanssereyo ; et hæc volumus cum nostro capitulo Eduensi et pensata utilitate nostre Ecclesie Eduensis. In cujus rei testimonium sigillum nostrum presentibus litteris duximus apponendum. Datum Tullione castro nostro, die Jovis post dominicam qua cantatur « Reminiscere. » Anno domini millesimo trecentesimo vicesimo primo. [3]

Un extrait d'autres lettres patentes nous montre que l'évêque Hélie n'eut qu'à se louer de la précédente transaction :

Considerantes insuper nos plura nostro Episcopatui acquisivisse præsertim in transactione inter nos et excellentem principem ducem Burgondie prolocuta, super proprietate et dominio medietatis castri et castellanie de Glana, virtute cujus transactionis dominus dux quatuor centum libras turonenses annui et perpetui redditus nobis et Episcopatui nostro assignare tenetur pro jure quod in dicto

1. Chassey (Côte-d'Or).
2. Dompierre (Côte-d'Or).
3. Arch. de la Côte-d'Or, B, 1250.

castro et castellania obtinemus, quod jus nobis et Episcopatui nostro sex viginti libras annui redditus vix valebat. Attendentes etiam quod dominus dux procurabit nostro capitulo Eduensi nobis et Episcopatui nostro in attenuationem et deductionem dictarum quatuor centum librarum annui redditus, omnes redditus et proventus quos habet et habere potest in territorio de Moloseyo [1], de Manleto [2] et dou Porriot [3]. Et feodum seu homagium de Sansereyo [4] consensit et disposuit assignare....., etc. Datum die martis post dominicam qua cantatur *Letare*, apud Tullionem castrum nostrum, anno Domini millesimo trecentesimo vicesimo primo. [5]

Cependant, les formalités pour la validation de l'acte n'étaient point terminées. Il était nécessaire, pour que la transaction fût valable, qu'elle reçût l'approbation du souverain Pontife qui résidait alors à Avignon.

L'enquête sur les faits articulés fut ordonnée dans une petite bulle du pape Jean XXII, sous forme de « mendamentum, » le 5 décembre de l'année 1322. Voici la copie intégrale de cette pièce, munie au repli d'une cordelette de chanvre portant la bulle de plomb à l'empreinte de saint Pierre et saint Paul :

— Johannes episcopus, servus servorum Dei, dilectis filiis sancti Benigni et sancti Stephani Divionensis, Lingonensis diocesis ac sancti Petri Cabilonensis monasteriorum abbatibus salutem et apostolicam benedictionem. Oblata nobis dilecti filii nobilis viri Odonis ducis Burgundie petitio continebat quod dudum inter duces Burgundie progenitores ejus ex parte una, et episcopos Eduenses qui fuerunt pro tempore, super medietate castri de Glana Eduensis diocesis, ejusque pertinentiis ex altera orta materia questionis. Tandem quibusdam discretis mediantibus viris, venerabilis frater noster Eduensis episcopus, jus quod sibi in medietate hujusmodi competebat, necnon et reliquam medietatem quam idem Episcopus obtinebat pacifice cum certis aliis bonis Ducis ejusdem equivalentibus vel utilioribus ecclesie Eduensi cum prefato Duce sub ea condicione

1. Méloisey, canton de Beaune (Côte-d'Or).
2. Manlay (Côte-d'Or).
3. Le Pouriot, commune de la Grande-Verrière (Saône-et-Loire).
4. Censerey, canton de Liernais (Côte-d'Or).
5. Arch. de la Côte-d'Or, B, 1250.

videlicet, si ad id apostolice sedis assensus accederet, permutavit. Quare nobis Dux prefatus humiliter supplicavit ut inquisita super hoc per discretum aliquem veritate, si ei constaret permutationem hujusmodi in ipsius verti utilitatem ecclesie illam, non obstante quod in permutatione ipsa capituli ejusdem ecclesia non accessit assensus, seu quod alias solemnitates juris non fuerunt in eadem permutatione servate, auctoritate nostra confirmare curaret. Quo circa discretioni vestre per apostolica scripta mandamus quatinus vos vel domino....... nostro super premissis plenarie nos informantes, quicquid super illis per informationem hujusmodi nos reperire contigerit, nobis per vestras patentes litteras vel instrumentum publicum harum seriem continens studeatis fideliter intimare.

Datum Avinione V † decembri pontificatus nostri anno sexto.[1] — Signature au repli : N. GAYTAY.[2]

Le 25 mars suivant (1322-1323), lendemain de la fête de saint Marc l'Évangéliste, le chapitre d'Autun se réunit sous la présidence de son doyen Jehan de Saint-Valérien, « pulsata campana in ecclesia Eduensi, ut mos est, » afin de prendre officiellement connaissance de tout ce qui s'était fait. Étaient présents à ce chapitre : vénérables et discrètes personnes Hugues de Corrabeuf, doyen de Chalon, et Mᵉ Pierre de Semur, archidiacre de Vertu (de Virtuto), clercs du duc de Bourgogne et chanoines d'Autun, et nobles hommes Hugues de Sauvement, Jehan de Chatillon, bailli de Dijon, chevaliers du duc, Guillaume Le Fort, bailli d'Autun, d'Ansey[3] et de Montcenis, tous commissaires dudit duc, spécialement délégués par lui pour traiter des affaires de l'Église. Robert, notaire de Saint-Gengoux au diocèse de Chalon, clerc et notaire public, d'autorité apostolique et impériale, fut chargé d'instrumenter. Il donna lecture des pièces et les confirma de son seing manuel en forme d'ostensoir.

Restait à déterminer les terres sur lesquelles l'évêque pourrait tirer les 400ˡˡ de revenus qui lui étaient alloués en

1. 5 décembre 1322.
2. Arch. de la Côte-d'Or, B, 1250.
3. Anzy-le-Duc.

échange de la moitié de Glenne. Il fallut, à cet effet, procéder à toute une série d'expertises et de bornages qui menacèrent d'éterniser la question. Une première fois, le vendredi avant Saint-Clément de l'année 1337 [1], une assemblée d'arbitres essaya vainement de trancher les difficultés. Les arbitres étaient, du côté de l'évêque, Jean de Bourbon, chantre d'Autun, Jean de Montbéliard, official d'Autun, et Philibert de Tournus, chanoine de Chalon; du côté du duc, Ponce, abbé de Saint-Etienne de Dijon, Robert de Lugny, archidiacre de Tournus en l'Église de Chalon, et M⁰ Eudes le Changierre, de Beaune, bailli de Chalon. Ils ne purent s'entendre et la solution du différend fut retardée jusqu'au 10 octobre 1360. A cette date intervint un traité conclu à Rouvres entre le duc de Bourgogne et l'évêque d'Autun, dans le but de mettre un terme aux contestations qui duraient depuis trente-huit années. Il fut convenu que l'évêque transporterait au duc les droits qu'il possédait en la châtellenie de Glenne et dans la ville de Flavigny. Le duc de Bourgogne devrait donc, lui et ses successeurs, tenir ces concessions en fief de l'évêché. De plus, le duc transmit en échange à l'évêque d'Autun les forts, maisons et villes de Lucenay-le-Duc [2] et de Grosme [3] avec leurs appartenances, gardes, baronnies et souveraineté, fiefs et arrière-fiefs compris dans leur juridiction [4]. Il y joignit la garde des villes de Touillon et de Magny-Lambert [5], y compris dix livres de rente qu'il possédait sur ces territoires [6]. Il est vrai que peu après l'évêque renonça complètement à ces derniers droits de garde et de rente. Les lettres officielles, sous le sceau de l'évêque d'Autun et du duc Phi-

---

1. 21 novembre 1337.
2. Lucenay-le-Duc (Côte-d'Or.)
3. Grôme, autrefois maison forte près d'Autun.
4. Arch. de la Côte-d'Or, B, 1057.
5. Magny-Lambert (Côte-d'Or).
6. Le traité d'échange est rapporté intégralement par dom Plancher, t. II, nº ccciii des preuves.

lippe, sont datées du vendredi avant la Saint-André, 1360[1] ;
et le lendemain samedi, le chapitre, présidé par son doyen
Jehan de Bourbon, donna son assentiment au traité. Étaient
présents à cette assemblée : Jehan de Moulins (de Molinis),
abbé de Saint-Etienne-de-l'Étrier ; Jehan Janossère,
Hugues de Pressac, Bertrand de Cusel, Pierre Natal, Pierre
Marcène, Pierre Talepain, Jehan de la Roche (de Ruppe),
Stéphane de Vaux (de Vallibus), Jehan Amele, Mathieu de
Varey, Pierre Audoyn et Gaucher de Musigny, chanoines
de l'Église d'Autun. L'acte de ratification fut rédigé par
Guy de Vieuxchâteau (Guido de Vetericastro), clerc du
diocèse de Langres.

Au mois de février qui suivit, le roi Jean, sollicité
d'accorder son autorisation, en raison de certains droits de
suzeraineté qu'il avait sur Flavigny et Fontenay, expédia
des lettres patentes pour approuver la transaction. [2]

De son côté, Innocent VI envoya d'Avignon une bulle de
ratification en forme de « titulus, » scellé de la bulle sur
lacs de soie :

Innocentius episcopus servus servorum Dei, ad perpetuam rei
memoriam. Ecclesiarum omnium quarum nobis licet immeritis est
generalis cura commissa, commoditatibus juxta pastoralis officii
debitum intendentes, illis que pro ipsarum Ecclesiarum utilitatibus
facta sunt ut illibata consistant libenter addicimus apostolici immu-
niminis firmitatem.....

Suivent tout au long les actes de procédure de cette
affaire dont la teneur nous est connue en substance. La
bulle se termine par l'approbation papale pour tout ce qui
a été conclu précédemment :

Nulli ergo omnino hominum liceat hanc paginam nostre confir-
mationis infringere vel ei ausu temerario contraire. Si quis autem hoc
attemptare presumpserit, indignationem omnipotentis Dei et beato-

1. 28 novembre 1360.
2. Arch. de la Côte-d'Or, B, 1250.

rum Petri et Pauli apostolorum ejus se noverit incursurum. Datum
Avinione XIII kalendarum maii, pontificatus nostri anno nono. [1]

Dom Plancher paraît donc faire une erreur en avançant
qu'une bulle d'Innocent VI, datée du 27 octobre 1360,
approuva « le projet » du traité d'échange. Il est peu vrai-
semblable, en effet, que l'approbation papale ait précédé la
conclusion définitive du traité qui eut lieu, nous l'avons vu,
le 28 novembre 1360. Si, en tout cas, le projet fut soumis
au pape et approuvé par lui, cette approbation fut insuffisante, et la bulle de ratification, datée du 18 avril 1361, sur
laquelle dom Plancher garde le silence, fut bien le dernier
acte de cette longue procédure. Toutefois, dom Plancher
ajoute : « La mort du duc Philippe, arrivée quelques jours [2]
après la conclusion de ce traité, mit d'abord quelque
obstacle à son exécution. Les officiers du duc refusèrent
de mettre l'évêque d'Autun en possession des terres qui
lui avaient été cédées par le traité ; mais le roi Jean, devenu
héritier du duché par la mort du duc, en ordonna l'exécution, et donna commission aux baillis d'Auxois et de la Montagne de mettre l'évêque d'Autun en possession des terres
de Grôme et de Lucenay-en-Duesmois. La commission est
du 28 janvier 1361 » (n. st. 1362).

A partir de cette époque, les contestations entre l'évêché
et le gouvernement ducal cessèrent complètement, et nous
suivrons maintenant l'histoire de Glenne sous la domina-
tion des ducs de Bourgogne.

1. 18 avril 1361. Arch. de la Côte-d'Or, B, 1052.
2. Ce ne fut pas quelques jours, mais bien quelques mois après la conclusion du
traité que mourut le duc Philippe qui s'éteignit au château de Rouvres, à la fin de
novembre 1361.

DEUXIÈME PÉRIODE

ADMINISTRATION DUCALE

DE 1347 A 1477

Impatient d'organiser sa châtellenie, le duc Hugues IV n'avait point attendu la fin des interminables formalités pour installer à Glenne un châtelain. Dès l'année 1347, *Jean Pourchot* avait été chargé des comptes et de l'administration. [1]

Cette administration ne laissait pas d'être assez compliquée, car elle embrassait, en même temps que la châtellenie de Glenne, les territoires de Roussillon et de la Toison. C'est que les trois cinquièmes de Roussillon appartenaient déjà aux ducs de Bourgogne qui, de 1309 à 1321, en avaient acquis successivement les diverses parcelles des enfants de Jean de Roussillon. Quant à la Toison, c'était une petite châtellenie comprenant une partie des terres de Montjeu. Elle appartenait aussi aux ducs de Bourgogne, sans qu'on ait, sur les origines de la propriété, aucun document formel.

Il résultait de cet état de choses que le châtelain de Glenne centralisait sur un seul registre de comptabilité les revenus et les dépenses des trois châtellenies. Si, la plupart du temps, la distinction est facile à faire, il se produit parfois une certaine confusion qui nous amènera à citer quelques chiffres n'ayant qu'un rapport de comparaison avec les comptes de notre châtellenie.

---

1. Nous verrons, aux comptes de 1356, que l'évêché d'Autun prit également possession de Grôme avant la ratification définitive du traité. La relation de la plupart des faits qui vont suivre est extraite des comptes de la châtellenie de Glenne, conservés aux Archives de la Côte-d'Or, sous forme de registres en parchemin, cotés de B, 4823 à B, 4931, sans interruption. Les comptes partent de 1347 et se poursuivent jusqu'à l'année 1548.

Les premiers comptes, antérieurs à la ratification définitive du compromis, offrent cette particularité qu'ils partagent la recette de Glenne entre l'évêque d'Autun et le duc. Ils mentionnent, d'autre part, les produits de Grôme qui paraissaient peu importants, puisqu'ils s'élevaient, en 1347, seulement à la somme de 5 ^{ll} 16 ^{s} 11 ^{d} pour six mois.

La recette de Roussillon, toujours pour six mois, était de 210 ^{ll} 11 ^{s} 7 ^{d}.

Le semestre de Glenne, à partager avec l'évêque, était de 32 ^{ll} 7 ^{s} 4 ^{d}.

En outre, la vente des blés avait donné 109 ^{ll} 16 ^{s} 4 ^{d}.

Il n'est pas fait mention, cette année-là, des recettes de la Toison.

Trois ans plus tard, les recettes se répartissent ainsi :

Roussillon	287 ^{ll} 9 ^{s} 4 ^{d}
Glenne	107 ^{ll} 13 ^{d}
La Toison	190 ^{ll} 16 ^{s} 11 ^{d}
Roussillon donnait	430 gélines.
Glenne	103 »
La Toison	30 »

Quant à Grôme, son administration ne dépend plus du châtelain de Glenne, mais du bailli de Chalon, Guillaume de Blaisy.

Les gages du châtelain étaient, en 1347, fixés à 50 ^{ll} pour Glenne, Roussillon et la Toison. Il reçut, en outre, 45 ^{ll} supplémentaires tant qu'il eut à s'occuper de Grôme, sans compter 50 sous qu'il devait donner à Jehan de Tholon, garde de la maison de Grôme et forestier des bois dudit lieu.

Nous n'approfondirons pas davantage les comptes du châtelain de 1347, car le résultat ne nous donnerait qu'une idée fort imparfaite des ressources et des charges propres aux châtellenies comprises dans son administration. Il existe, en effet, dans ces premiers registres, une certaine

confusion résultant du défaut d'organisation de quelques
territoires voisins qui ressortirent ainsi momentanément du
châtelain de Glenne.

Jean Pourchot, dès l'année qui suivit son entrée en fonctions, se trouva aux prises avec des difficultés imprévues.
La coutume était, paraît-il, que les gens de Roussillon
payassent, chaque année, sous forme de don gratuit, une
redevance destinée à acquitter « la rançon d'une terre que
messire Jehan de Roussillon havoit acquise doudit Mgr le
duc. » Le châtelain de Glenne envoya, comme de coutume,
ses sergents au temps des bordes de l'année 1448. Mais
les habitants, las de payer ces contributions, accueillirent
fort mal les collecteurs, s'armèrent comme ils purent et
se mirent en révolte ouverte. Ils blessèrent assez sérieu-
sement les sergents et tuèrent leurs chevaux. Instruit de
cette échauffourée, Jean Pourchot dépêcha deux messa-
gers, Prenot des Champs et Robert Dartois, à Aisey[1] où
se trouvait le duc, pour lui demander des instructions.

Le cas parut assez grave pour qu'on armât trente chevaux et quantité de gens à pied qui reçurent la mission de
rétablir l'ordre. Cette petite armée se rendit au siège de la
résistance, mais les habitants, avertis de son arrivée, avaient
eu le temps de fuir dans les bois, de sorte que les soldats
trouvèrent les maisons vides. Si, par la force des choses,
la répression ne fut pas immédiate, il est probable que les
malheureux contribuables en vinrent toujours à payer leur
redevance, car le fisc n'était pas moins âpre alors qu'aujour-
d'hui.

A signaler encore une exécution capitale pour fait d'em-
poisonnement. Le coupable se nommait Quoquillat; on le
fit conduire à Roussillon où plusieurs hommes furent chargés
de le garder pendant dix jours, « quar, dit le compte, il
n'y ha nulles prisons. » Après quoi, Quoquillat fut condamné

---

1. Aisy-sous-Thil (Côte-d'Or).

au bûcher et brûlé à Roussillon. Jean Pourchot mourut en 1350 et Girard du Mex lui succéda comme châtelain délégué par « nos seigneurs tenanz les comptes en Bourgogne pour Madame la reine haiant à présent le gouvernement du duchié de Bourgogne. »[1]

Girard du Mex conserva son poste deux années seulement durant lesquelles une seule dépense mérite une mention spéciale ; c'est le compte des frais occasionnés par le voyage que firent le prieur de Saint-Symphorien et Me Symon de Pontailler, bailli d'Auxois, avec leurs gens, pour se rendre à la journée tenue à Dijon entre le duc de Bourgogne et le duc de Bourbon, le lundi après la Toussaint 1352.

Guy de Marigny succéda à Girard du Mex en 1353, et fut en même temps qualifié garde de la viérie d'Autun. Pendant les onze années qu'il exerça sa charge, nul événement marquant ne fut mentionné aux registres des comptes. On y constate, entre autres dépenses, une rente à vie payée à dame Marguerite de Chatillon, religieuse de Saint-Andoche d'Autun. On y trouve le détail des réparations exécutées à Autun aux halles de Marchaux, ainsi que le rôle des redevances sur « les vins motaux[2] » et sur les « charnaiges[3] » qui se percevaient à Roussillon après la Noël.

Aux comptes de 1356, Guy de Marigny est encore qualifié châtelain de Roussillon, de Glenne et de Grôme. « Excepté seulement que pour ladite terre de Grôme il ne compte que jusques au premier jour de juing l'an devant dit 1356, pour ce que ou dit jour icelle terre de Grôme fut bailliée et delivrée à Mons. l'evesque d'Ostun, selon la teneur des lettres de Mons. le duc Philippe, que Dieux pardonne sur ce faites facent mention que leschange fait entre lesdiz seigneurs d'icelle terre et de certaine portion

---

1. La reine était alors Jeanne de Boulogne, veuve du duc Eudes IV et mère de Philippe de Rouvres. Elle avait épousé Jean II, roi de France.
2. Vins de redevances.
3. Droits sur les troupeaux.

de la terre de Glenne que ledit Mons. l'evesque havoit et tenoit avecques ledit Mons. le duc. » Jusqu'alors, le châtelain percevait dix livres de gages en ce qui concernait la seigneurie de Grôme.

De 1364 à 1366, les fonctions de châtelain échurent à messire *Jehan Champdehot* ou Champdou, ou encore Chandio, chevalier et maître d'hôtel du duc de Bourgogne.

Après lui, l'administration de la châtellenie fut confiée à *Philippe Boisserant*, bourgeois d'Autun, qui demeura châtelain de Glenne pendant une période de vingt-cinq années, de 1366 à 1391. C'est ici qu'apparaissent surtout les attributions pacifiques et purement administratives de la châtellenie de Glenne. A une époque où les Grandes Compagnies ravageaient la province, où les Anglais envahissaient la France, les comptes de Glenne, presque muets sur tous ces événements, se bornent à enregistrer les recettes avec une monotonie désespérante, pour en faire l'application aux diverses dépenses non moins régulières nécessitées par les besoins du duché, gages d'officiers, voyages ou réparations.

Quelques recettes et dépenses imprévues sont, toutefois, intéressantes à signaler :

Une recette de 1368 permet de constater la présence des Grandes Compagnies dans l'Autunois. C'est une amende de quatre marcs d'argent payée par Guillaume Mathey « qui avoit conversé avec les ennemis de la Vesvre. » Cette amende intéresse à un autre point de vue, en ce qu'elle délimite les droits d'attribution des ducs et des seigneurs de Roussillon en matière judiciaire. Une note en marge indique, en effet, que la somme fut réduite à dix francs au profit des coseigneurs de Roussillon, et que le duc eut six francs pour sa part.

En outre, chaque compte mentionne diverses réparations exécutées en plusieurs lieux différents. Tantôt ce sont les halles de Marchaux qui sont en question, tantôt les halles de Cussy [1], construites en 1371. D'autres fois, il faut remettre en état la chaussée des étangs de la Toison ou de la Goulaine. Le plus souvent enfin, les frais de réparations s'appliquent à la maison forte de la Toison, au fort de Vauteau ou même aux dépendances de Montcenis, lorsque les ressources de la châtellenie de Montcenis étaient insuffisantes pour en solder les travaux. Nous n'insisterons pas maintenant sur la Toison et sur Vauteau qui feront l'objet d'une note spéciale.

Les comptes de l'année 1371 portent à la dépense une première somme de 9 fr. et une seconde de 4 fr. $\frac{1}{2}$ qui furent employées à divers voyages et démarches nécessitées par l'information secrète sur l'affaire de Huguenin de Vernisi, sergent du duc, « lequel Hugues l'évesque d'Ostun avoit fait prandre et gehainer. » Cette question, touchant aux conflits de juridiction entre le duc et l'évêque, fut traitée d'autre part.

Aux comptes de 1378 se trouvent deux achats de porcs, l'un de 115, l'autre de 122, pour l'usage de l'hôtel du Duc. Ces achats se faisaient au détail et au marchandage. L'un vend 4 porcs pour 7 fr. 4 gros, l'autre 3 porcs pour 5 fr. $\frac{1}{2}$, un troisième 2 porcs pour 3 fr. 7 gros, un quatrième 1 porc pour 22 gros $\frac{1}{2}$. Si, pour l'appréciation de ces prix, nous nous reportons aux évaluations monétaires données au cours des comptes de la châtellenie de Montcenis, nous pourrons constater que les prix d'achat par tête correspondent à des prix variant de 50 à 80 fr. de notre monnaie actuelle.

Les achats de 1381 nous fixent également sur le cours des vins. C'est ainsi que le vin acheté à Jehan Rolin, d'Autun, par Guyot de Rupt, sommelier des échansonneries en l'hôtel de Bourgogne, fut payé à raison de 18 fr. la queue. Ce qui nous montre que le vin de l'hôtel de Bour-

1. Cussy-en-Morvan, canton de Lucenay.

gogne n'était pas de qualité médiocre, puisqu'en observant toujours la même méthode d'évaluation, nous obtiendrions les prix de 720 fr. la queue de 450 litres, soit 360 fr. la pièce de 225 litres.

En l'année 1387, le duc Philippe fit racheter à Guillaume Regnart et à son frère, citoyens d'Autun, 40 sols de cens qui leur étaient dus annuellement sur les tailles de Glenne, et particulièrement sur celle de Champtroul. Ce rachat se fit pour 25 florins d'or, par acte du lundi avant la Saint-Georges 1387[1]. On prit donc pour base d'évaluation du capital le taux de 9 % environ calculé sur le cens considéré comme intérêt.

L'année 1389 fut signalée par une requête adressée à Mme la duchesse de Bourgogne par les habitants d'Arboul[2], dépendant de la châtellenie de Glenne. Ils obtinrent de la duchesse « remise de 80 bichots de blé en almosne pour cause de tempeste qui, environ le mois d'août 1387, gasta leurs gaignaiges, et aussi pour les gens d'armes qui, environ Noël, passèrent par ledit lieu d'Arboul et leur gastèrent la plus grant partie de leurs blés. »

En 1391, *Guillemin Doret*, clerc, demeurant à Autun, prit la succession de Philippe Boisserant et remplit les fonctions de châtelain jusqu'en l'année 1408. Quelques amendes, d'une application curieuse, signalent son entrée en charge. L'une d'elles concerne des malfaiteurs qui avaient brisé une porte dans le but de violenter une femme ; une autre fut payée par un paroissien de Saint-Prix qui avait volé le bréviaire de son curé, « non en espérance qu'il le volit, mais en ses défenses, disant qu'il l'avoit pris pour certains desplaisirs que ledit curé luy avoit faits. »

Les comptes de l'année 1392 mentionnent la vente de 449 gélines aux habitants de la châtellenie, à raison de

---

1. 22 avril 1387. Arch. de la Côte-d'Or, B, 1250.
2. Le Rebout, commune de Saint-Léger-sous-Beuvray (Saône-et-Loire).

8 deniers l'une[1]. Ce prix est sensiblement égal à celui que nous avons constaté aux registres de la châtellenie de Montcenis.

Six setiers de seigle sont portés à la recette de 1394, comme représentant le prix de l'amodiation du moulin du Péageur[2]. La dépense relate le paiement de Jean Pillot qui avait loué à Monseigneur le duc une grande pièce située au fort Marchaux à Autun, pour y déposer les grains de la châtellenie.

Aux comptes de 1397 se trouve portée cette mention : « Soit vu le compte de Jehan Despoulettes, ancien receveur général, où Guillemin Doret est chargé de compter d'un voyage par ledit Despoulettes fait en Hongrie et Lombardie, et sur lequel voyage lui fust fait prest de 180 fr. »

Ce fait coïncide avec l'expédition du comte de Nevers, fils du duc Philippe contre les Turcs, expédition malheureuse qui se termina, nous le savons, par la défaite de Nicopolis.

Une requête adressée au duc par les habitants de Glenne, en l'année 1400, est intéressante. Cette requête fait observer que les gens de la châtellenie sont « taillables à Monseigneur le duc trois fois l'an et lui doivent chaque année ix^{xx} livres dijonnoises environ et cent sestiers d'aveine, mesure de Glenne. » Elle demande pour l'année remise de ces redevances, à cause des tempêtes qui ont ruiné les campagnes. Il n'est pas mentionné qu'on fît droit à cette requête.

Deux dénombrements se retrouvent à cette époque : le premier, daté de 1404, comprend la pêche et la chasse que Jehan Boussevault, écuyer, tenait en fief du duc de Bourgogne dans la châtellenie de Glenne ; le second, daté du 7 avril 1407, est celui que présenta Pierre de Somant, licencié es lois et bachelier es décrets, chanoine d'Autun

1. Environ 1 fr. 35 de notre monnaie.
2. Le Péageur était situé près de la Boutière, commune de Saint-Léger-sous-Beuvray.

et de Beaune. Il énumère quelques meix tenus en fief par Pierre de Somant, entre autres certains héritages situés à la Barre, dans la paroisse de Verrière-sous-Glenne. [1]

En 1408, la châtellenie passa aux mains de *Regnault de Thoisy*, habitant Autun. Elle y demeura jusqu'à sa mort en 1449. Citons quelques particularités des comptes de Regnault de Thoisy :

Il exécute, en 1410, une série de réparations aux divers moulins de la châtellenie, c'est-à-dire aux moulins de Blain [2], de Valterne [3] et de Cussy [4]. Ces moulins n'étaient pas uniquement employés à la mouture du blé, mais aussi au foulage des draps. C'est une preuve que cette industrie, plus tard centralisée dans les grandes manufactures, occupait alors une place dans les travaux de la campagne. Assurément les draperies, fabriquées par les paysans et destinées à leur usage, n'étaient que de grossiers tissus de camelot ou d'étamine, mais on conçoit que la difficulté des communications ait contraint les habitants des campagnes à se pourvoir eux-mêmes de vêtements.

Nous savons quelles opérations subissait le drap lorsque les apprêts du tissage livraient au moulin l'étoffe bourrue. Pour dégraisser la laine huilée au cardage, on la battait au moyen de maillets, après l'avoir enduite de terre glaise délayée, puis on dégorgeait à pleine eau. La tonte aux ciseaux suivait, et une troisième opération ramenait l'étoffe sous le foulon pour la faire battre à l'eau chaude et parfois au savon, afin de coucher les fils de laine les uns sur les autres et de leur donner un pli définitif. Les coups de maillet étaient réglés de même que les battements d'une pendule, et comme le foulage pouvait, suivant la finesse et la longueur de la pièce, durer de huit à vingt heures, on

---

1. Arch. de la Côte-d'Or, B, 10557.
2. Blain-le-Vieil, commune de Roussillon.
3. Valterne, commune d'Anost.
4. Cussy-en-Morvan, canton de Lucenay.

E. F. 3

comprend aisément que l'usage des moulins se soit de bonne heure généralisé.

Le moulin à foulon se composait d'une grande roue appelée « hérisson », d'une lanterne, d'un arbre, de levées ou parties saillantes faisant hausser les pelotes, de tourillons, de frettes pour lier l'arbre, de pilons avec leurs queues, de geolières, de vaisseaux ou piles, de moises et de l'arbre du hérisson auquel s'engrenait la grande roue à palette ou à augets qui recevait de l'eau son mouvement.

Lorsque le foulage était terminé, deux vigoureux ouvriers s'armaient de doubles croix en fer ou de chardons spéciaux, mouillaient le tissus et le brossaient pour faire sortir le poil. Ce brossage était encore perfectionné par le tuilage. On se servait, pour cette nouvelle opération, d'une planche de sapin nommée « tuile » qui était enduite d'un mastic de résine, de grès pilé et de limaille. La tuile s'appliquait sur l'étoffe et entraînait aussitôt les paillettes et les résidus des tontures qui altéraient la couleur et le lustre.

Ces quelques détails techniques étaient nécessaires pour permettre de mieux comprendre un compte de réparations dans l'un des foulons de Glenne.

Voici la partie intéressante du texte :

Achats de meules à Montcenis, provenant de la Meulière de Blanzy, iii f. vii gr. [1]. A Jehan Arnault, pour avoir fait et parfait tout à neuf la rouhe, l'abre [2] la mait [3] pour fouler draps, les noulz [4] pour batre chiende [5], les tielères [6] dudit bateur, les paneroules [7], les deux pelons [8] à batre chiende, les deux pinoz [9] à fouler draps ; restourtier [10]

1. Cette dépense paraît concerner le moulin à blé, à moins qu'on ait employé les meules à fouler le drap avant les pilons.
2. L'arbre.
3. Cuve du pressoir.
4. Les nœuds.
5. Chanvre.
6. Les tuiles dont il est question plus haut.
7. Paniers.
8. Pilons.
9. Vaisseaux, barils.
10. Restaurer.

le tabarnacle[1] desdits pinoz et mettre à son point; faire les quarreaulx devers la mait et devers la rouhe, faire les entrepis[2] tout entour dudit bouteur[3] et le clourre d'aix[4] tout alentours, — pour le prix de VI f.

Voici le résultat de l'amodiation des moulins au plus offrant, en 1413 : le moulin de Blain, à Goiard de Leschenal, 4 bichots 2 boisseaux; le moulin d'Anoz, autrement de Valeterre, à Jehan Pillot, 4 sextiers 2 boisseaux; le moulin de Cucey, à Mathieu Garnier, 9 sextiers; le moulin de Roussillon, à Guiot Graillot, 3 sextiers. « Or, en ce temps la, dit *le Journal d'un bourgeois de Paris*, estoit le blé si cher que le sextier de bon blé valloit 32 frans et plus, le sextier d'orge, 27 frans, ung pain de seize onces à toute la paille huit blans, de fèves, de pois, nul pouvre homme n'en mangeoit qui ne les luy donnoit. »

A la même époque, le châtelain perçoit une rente annuelle que messire Jehan de Chaugy et Pierre de Norry, chevaliers, seigneurs chacun d'un cinquième de Roussillon, payent au duc de Bourgogne sur leur portion de terre.

La recette de 1412 mentionne la vente des bêtes prises pendant la guerre de Château-Chinon, « lesquelles le chatelain fît prendre pour ce que les gentilshommes du pays les prenoient là où ils savoient que l'on en tenoit. » Deux bœufs furent vendus ensemble 6 fr.

Enfin, pour donner une idée plus exacte de la balance des comptes de la châtellenie, voici le relevé détaillé du registre de 1413-1414 :

1. Coffre.
2. Supports, piédestals.
3. Fouloir.
4. Le clore de bois.

Compte de Regnault de Thoisy,
chastelain de Glenne et de Rossillon, de la Gouloyne [1]
et de la Thoison, en l'année 1413-1414.

1) Recepte de froment à Glenne et à la Gouloyne : [2]

Il est assavoir que ou sextier de grant mesure de Rossillon, qui est la plus grant mesure, a deux annes, en la anne a deux bichoz, ou bichot a trois boisseaulx ou quatre quartranches [3] et ou boisseal a deux copacies [4]. — Somme XI sextiers demi et le quart d'une copacie.

Dépense de froment (remise).................. I sextier 1/2.

2) Recepte de seigle *a)* de Rossillon :

Habitants de Fouchières [5]..................... 1 bichot 1/2.

Des tierces de Rossillon..... XII sextiers V bois. II cop., etc...

Somme.............. XXIV sext. I bic. I bois. et 2/5 de cop.

b) Recepte de seigle de Glenne :

Somme....................................... IX sextiers.

c) Recepte de seigle à Ostun :

De Guiot Dagreval, escuier, chastelain de Riveaul, de ce qu'il doit chascun an à cause de son dit office à mondit S^r pour une rante appelée la gaite ou terme de St Martin dyver. XIII sext. III bic.

Somme des receptes de seigle : IV annes IX sext. VII bois. 2/6 de cop.

Dépense de seigle :

A l'aumonier de St Martin d'Ostun................... V bic.

Ventes diverses et somme du tout.... III annes VII sext. VI bic.

Debet...................... II bic. VII bois. 2/5 de copacie.

3) Recepte d'avoine *a)* de Rossillon :

Divers hoirs habitants de Fretoy [6], etc.....

Somme....................... XX sext. I bois. 1/24 de bois.

b) Aveine de la Thoison :

Par les habitans II bichoz sur chaque mex :

.... VII sext. III bic. I bois. 2/3 de bois.

c) Aveines de Glanne..................... XXX sext. III bic.

d) Aveines de la Gouloyne.................. V bic. I quart.

Somme de recettes d'aveines. V anne III bic. III bois. VIe de cop.

---

1. La Goulaine, commune d'Étang-sur-Arroux.
2. La Goulaine était une dépendance de la paroisse d'Étang.
3. Ou quartes.
4. Coupes, mesure de grains.
5. Localité disparue ou ayant changé de nom.
6. Frétoy, commune de Cussy-en-Morvan.

Dépense d'aveine :

Pour les gages dudit chastelain qui prend par an en plus de ses gages .... XII sextiers.

Ventes diverses et somme de tout.................. VI annes.

Debentur.................... XI sext. IV bic. II bois. I quart.

4) Recepte de cire :

Divers hoirs, somme.................... II livres 6/9 de cire.

Dépense de cire :

Vente et emploi du tout.

5) Recepte de gélines :

a) Rossillon.. VIII^{xx} I gel.

b) Glanne.................................... XL VI gel. 3/4.

c) La Gouloyne.. V gel.

De Didier de Saugney lequel n'a point d'usaige es bois de la Gouloyne, I geline pour son feu dont moitié pour Monsr le Duc.

Somme du tout.................... II^c XIII gel. I quart de gel.

Dépense de gélines :

Vente à plusieurs au prix de VIII deniers cy après rendus en recette de deniers.

6) Recepte de deniers à Rossillon :

Vandaige des glands et paissons.......... LVIII^t VII gr. VI bl.

Autres ventes et somme du tout.......... LXVII^t VII gr. IV bl.

7) Recepte des vins et charnaiges :

Charnaige et buisses [1] dus par certains villages (Montlairon, Champt, etc...)................................. IV^{ll} IX d. ob.

Vendaige de sept pintes, trois chauveaulx de vin nouveaul, mesure de Cucey, le sextier compte pour seize pintes. A plusieurs personnes à VI gr. le sextier.................... IX d. VI gr.

8) Recepte des cens de Rossillon :

Somme.................................... XIII s. X d.

9) Recepte des tailles de Rossillon :

Somme.................... XXXII^{ll} XVI s. VII d. ob.

10) Recepte de deniers des rentes et blaries à Rossillon :

Somme.................................... XIX^t IIII gr.

11) Recepte de deniers pour vendue des boys de Rossillon :

Somme.................................... XIII gr. XVI d.

12) Recepte des mainmortes et épaves des mex étrangers :

Somme.. III^t.

---

1. Petites bûches.

13) Recepte des compositions [1] et emendes et autres exploits de
    justice :
        Somme.. x^t VII d.

14) Recepte de deniers pour vendue de foin à Rossillon :
        Somme.. XII d. et xx^t.

15) Vendue de garnisons : [2]
        Somme... VII^{ll} III^s II d.
        Prima grossa. Somme des recettes à Rossillon LXXIIII^{ll} VII s.v.d.ob.
        Item.................................... XVIII^{ll} I s. v. d.
        Et.. VIII^{xx} VI^t X gr. 1/2.

16) Recepte à Glannes :
        a) Tailles, péage, etc..... Somme........... XXXVI^{ll} IV s. et v^t.
        b) Vendues, amodiations, cens, somme... IIII^{xx} VII^{ll} XIX d. ob.
        Et... XXXVI^t III gr.

17) Recepte de la Thoison :
        Cens, emendes, blaries, épaves :
        Somme..................................... XX^{ll} VIII s. IX d.
        Item...................................... XX s. t.
        Et.. VIII^t.

18) Recepte de la Gouloyne :
        Tailles, vendues de bois, emendes.
        Somme................................... IIII^{ll} XVI s. III d.
        Et.. X^{ll} V s. t.
        Somme toute de la recepte de ce compte. IX^{xx} VI^{ll} XIIII s. I d.
        Item.................................... XXI^{ll} VI s. v d.
        Et.................... II^c fr. I gr. valant II^c XI^{ll} II s. VI d.
        Pour le tout...................... IIII^c IIII^{xx} I^{ll} VII s. VII d.

II. — *Dépenses de deniers faites par ledit chastelain :*

1) Ou pictancier [3] de St Martin d'Ostun................... LX s. t.
2) Gaiges dudit chastelain en outre de l'aveine............. L^t.
3) Dépenses de deniers payés à Jehan de Noident, receveur général
    de toutes les finances, sur ce que ledit chastelain puet et pourra
    devoir à cause de sa recepte de ladicte chastellenie, en deniers

1. Transactions.
2. Blés, gélines.
3. Pitancier.

payez comptant pour convertir en certaine ambaxade que mondit Sʳ entend présentement faire ou saint Concile général. [1]

Somme.. IIᶜ fr.

Somme des dépenses........ LX s. t. et IIᶜˡˡ I d. valant IIᶜ Lⁱⁱ t.

Pour le tout..................................... IIᶜ L IIIⁱⁱ.

Debet Castellanus.......... IIᶜ XXVIIIⁱⁱ VIIˢ s. VII d. 1/3 de d.

III. — *Emendes :*

1) A Rossillon, XXXVII emendes...................... vᶠ III gr.

2) A Glannes, CXVII emendes..................... XIIIIᶠ VII gr.

Les amendes portaient sur des condamnations par défaut ou « par demourance. » En général, chacune était de un à trois gros.

Au compte de l'année suivante, la recette est de 485ⁱⁱ 4ˢ 11ᵈ. La dépense s'augmente de voyages pour la délivrance de quelques successions.

La recette de l'année 1415-1416 est de 780ⁱⁱ 19ˢ 1ᵈ, sans modification dans la manière de percevoir et de dépenser.

C'est ici que les frais de guerre font les plus larges brèches aux recettes de la châtellenie. Après avoir prélevé 100 fr. « pour convertir en l'armée que mondit seigneur met sus pour aller servir le roy à l'encontre des Anglais », le châtelain fournit encore 12 fr. pour aider Guillaume Vignier, secrétaire du duc, à payer sa rançon [2]. Le même

---

1. Voici dans quelles circonstances eut lieu cette ambassade. Nous savons que le docteur Jean Petit avait fait paraître un plaidoyer pour justifier l'assassinat du duc d'Orléans par Jean sans Peur. A l'instigation de l'Université de Paris et de Jean Gerson, son chancelier, l'évêque de Paris réunit une assemblée de docteurs qui condamna cette doctrine. Mais le duc de Bourgogne en appela au pape dont les cardinaux infirmèrent la sentence de l'évêque comme abusive. L'évêque de Paris avec l'inquisiteur de la foi, offensés de cette décision, portèrent leur appel au concile de Constance dont l'ouverture s'était faite le 5 novembre précédent. Jean sans Peur mit tout en œuvre pour influencer la décision des prélats. Il leur envoya trois ambassades successives, chargées de vins et de présents, et se fit représenter par des défenseurs habiles qui parvinrent à se concilier l'opinion du concile ; car, si la théorie générale du tyrannicide, émise par Jean Petit, fut, en elle-même, condamnée, la sentence de l'évêque de Paris ne fut point confirmée, et l'ouvrage de Jean Petit ne reçut pas de condamnation dans son ensemble.

2. Guillaume Vignier avait été fait prisonnier par les gens du comte d'Armagnac, entre Ligny et Crécy-en-Brie, le 16 janvier 1415 (n. st. 1416).

châtelain accorde, en 1416, une indemnité à Jehan de Chavanne, de la châtellenie de Roussillon, « pour les pertes par luy soubstenues à cause de plusieurs logis de gens d'armes, mesmement qu'il a esté prisonnier des ennemis du roy et de mondit S^r à Chatel Chinon. » [1]

Entre temps, il fallait encore pourvoir à la façon des galeries que le duc Jean faisait exécuter dans son hôtel de Dijon. Quinze francs furent prélevés à cet effet sur les recettes de Glenne. Il fallait aussi solder 124^f 8^{gr} 3^d pour frais d'enquête et de procès entamés contre les seigneurs de la Roche-Millay. Le détail de ces frais est assez curieux pour être cité textuellement :

Pour les despens de maistre Jehan le Boiteux faiz à la Roiche de Milay les dimenche et lundi avant la Chandeleur [2] mil IIII^c et treize où il fut comme procureur substitut dudit procureur de Monsr pour veoir produire et jurer par devant maistre Jehan Quartier, lieutenant de Monsr le bailli d'Ostun, et Jehan Troux, clerc et libellance [3] de la cou^{r}t dudit bailliaige, commis ad ce, des gens du conseil et du procureur de mond. S^r estans à Ostun, et des seigneurs de la Roiche de Milay advenuz avec lesdits commissaires de la partie desdits seigneurs de la Roiche de Milay, Jehan le Roy clerc notaire publique ; et despendit par luy son vallet et deux chevaulx ; plus les roles en parchemin ; se monte en tout à la somme de LXI f. XI gr. III bl.

Despens desdits commissaires et adjoing et de Jehan Rolin, procureur, substitut dudit procureur de Monsr, lequel a produit les tesmoings de mondit S^r et fit les vacques pour yceulx examiner ; faiz à St Ligier soubz Beuvray, en l'ostel de Guillemin Gaudriot, le mecredi et jeudi après la Chandeleur [4] et un jour vacquant pour recevoir lesdits témoings et examiner plusieurs d'yceulx, IIII f. VIII gr. 1 bl.

Despens desdits commissaires, chevaulx et plusieurs témoings produits et examinés oudit St Ligier, en l'hostel dudit Gaudriot, faiz les lundi, mardi, mecredi, jeudi et samedi après les bordes. [5]

1/ VIII f. X gr. 1/2   2/ VI f. III gr.   3/ XIII gr. 1/2.

1. Voir plus loin la donnée du siège de Château-Chinon.
2. 29 et 30 janvier.
3. Greffier.
4. 8 et 9 février.
5. 13, 14, 15, 16 et 18 mars.

A Maistre Pierre Barbet, conseiller et advocat de mondit S^r pour avoir fez les escriptures de mondit S^r qui contiennent environ dix feuilles de papier, III f.

A Maistre Jehan le Boiteux, pour ses escriptures, v f.

A Maistre Jehan Quartier, lieutenant, pour ses peinnes et salaire, x f.

A Jehan Troux, clerc et libellance de la court dudit bailliage, pour ses peinnes et salaire d'avoir vacqué par l'espace desdits x jours avec et en compaignie d'icelluy Maistre Jehan Quartier, v f.

Audit Jehan Troux pour II^c VIIII piez d'escriptures faiz et grossez en son parchemin. C'est assavoir : CII piez pour la grosse des faiz et enqueste de mondit S^r, XVIII piez pour la grosse des contredits de mondit S^r, IIII^{xx} piez pour la copie des faiz et enqueste des seigneurs de la Roiche, et VIIII piez pour la copie des contredits desdits seigneurs de la Roiche, qui sont les dits II^c VIIII piez pour chacun desdits piez, non obstant qu'il soit tauxé par le stile de la Court VI blancs, a traité à forfait pour les II^c VIIII piez, XVII f. v gr.

Somme desdites missions pour ledit procès, VI^{xx} fr. VIII gr. III bl.

Le fameux rotulus de 209 pieds étant resté introuvable, les causes, les péripéties et l'issue du procès ne sont point connues.

Au reste, les effets de la guerre continuaient d'avoir une fâcheuse répercussion sur toute la contrée. Une importante réduction des impôts dut être accordée, en 1418, à cause de l'abandon des terres qualifié par les comptes « vacances de meix. » « Car depuis 1412, disent-ils, que le siège fut mis par l'ordonnance de Monseigneur à Chatel Chinon, par le moien dudit siège, et aussi parceque, par les ennemis qui estoient dedans ledit Chatel Chinon, ycelles chastellenies furent comme destruite et perdues. »

D'autre part, le receveur fut obligé de rembourser les avances faites par M. de Saint-Georges et de Sainte-Croix [1], gouverneur et capitaine général « pour le fait de la guerre ou pays de Bourgoigne, pour le paiement des gens d'armes

---

1. Guillaume de Vienne, sire de Saint-Georges et de Sainte-Croix, fit bâtir à Dijon, en 1430, un hôtel qui prit le nom de Saint-Georges et le transmit à la place Saint-Georges actuelle.

et de traits mandés pour résister contre les ennemis, lesquels à très-grant nombre et très-grant compaignie se sont mis sus et assemblés et desja ont prise la ville de Tournus et neuf ou dix forteresses bien prochaines d'icelle et de la ville de Chalon. »

Voici l'explication de ces événements : comme la ville de Château-Chinon était occupée par les « ligués », sorte de bandits qui dévastaient les alentours, le duc, avec l'assentiment du roi, résolut de porter le siège devant la place, et chargea son receveur général, Regnault de Thoisy, de préparer et de faire conduire les approvisionnements du siège. Au mois de juillet 1412, la duchesse qui, en l'absence de son mari, avait le gouvernement du pays, donna d'abord à son receveur une somme de 3,400 fr. qui fut insuffisante. Puis elle emprunta de part et d'autre et demanda 15,000 fr. aux États de la province. Malgré tout, le siège ne pouvait se poursuivre, faute de ressources, et d'autres emprunts forcés furent décidés.

L'Auxois fournit d'une manière toute spéciale, et c'est à l'aide de ces subsides qu'on parvint seulement à délivrer la ville. Les « ligués », après un mois de siège, consentirent à s'éloigner, moyennant qu'une somme de 500^{ll} leur serait versée.

La place fut aussitôt démolie par les troupes de Bourgogne, et l'on s'occupa de rembourser les emprunts contractés. Le roi lui-même mit, pour y participer, son trésor à contribution, car le siège s'était fait dans l'intérêt commun du duc et du roi contre les courses des pillards. On s'explique ainsi l'accroissement des charges du peuple.

Pour comble de maux, le remaniement des monnaies vint jeter le trouble dans les transactions. Une note des comptes de 1421 fait savoir, en effet, que la bonne monnaie de 6 livres 3 sous tournois le marc d'argent sur le pied de 30^{ll} commença à avoir cours le 1er janvier 1421, mais, si nous en croyons le *Journal d'un bourgeois de Paris*, publié par dom

des Salles et dom Guillaume Aubry de la Barre, en 1729,
« le peuple en fut si oppressé et grevé, que pouvres gens
ne povaint vivre; car, comme choux, poreaux, oignons,
verjus, etc., on n'avoit à moins de deux blancs, car ils ne
valloient que ung denier après le cry, et qui tenoit à loüaige,
maison ou autre chose, il en convenoit payer huit fois plus
que le loüaige, c'est assavoir du franc huit francs, de huit
francs soixante-quatre francs, ainsi des autres choses, dont
le pouvre peuple ot tant à souffrir de faim et de froit que
nul ne le scet que Dieu. Il geloit aussi fort à la Toussaint
qu'il fist oncques à Nouël, et ne finoit-on de rien qui n'a-
voit menüe monnoye. »

Au milieu de ces calamités de toute nature, les revenus
de la châtellenie fondaient littéralement entre les mains
du receveur, d'autant plus que les ressources diminuaient
progressivement en raison de l'appauvrissement des taillables.

Il survint, à cette époque, un changement dans la desti-
nation des revenus de Glenne, par suite du mariage de
Marguerite de Bourgogne. Cette princesse, l'aînée des sept
filles de Jean sans Peur, avait épousé en premières noces
Louis de France, fils de Charles VI, le 31 août 1404. Louis
de France, qui était en même temps duc de Guyenne et
dauphin de Viennois, mourut sans enfant le 18 décembre
1415; il avait à peine vingt ans. Marguerite, restée veuve,
fut mariée huit ans après avec Artus de Bretagne, comte
de Richemont, Sr de Parthenay et connétable de France.
Les articles de ce mariage furent dressés et signés en la
ville d'Amiens, le 14 avril 1423. Philippe le Bon, alors duc
de Bourgogne, promit à sa sœur et à son beau-frère une
somme de 100,000^l et, jusqu'à ce qu'elle eût été payée,
5,000^{ll} de rente sur son duché de Bourgogne, avec pouvoir
de s'acquitter partiellement en payant 10,000^{ll} pour le
rachat de chaque 1,000^l de rente. On affecta à la garantie de
cette rente les revenus des villes et châtellenies de Montbard,

Pouilly [1], Arnay-le-Duc, Duesme [2], Aignay [3], Saint-Marc [4], Tonnerre, Cussy, Roussillon et Glenne ; le tout d'une estimation de 6,000 ll de rente. Jehan de Rye, Sr de Balançon, en fut nommé capitaine et bailli spécial. Mais le comte de Richemont s'aperçut bientôt que cette garantie était un leurre. Le comté de Tonnerre, qui en formait la partie la plus solide, lui avait été presque aussitôt retiré pour être rendu à la comtesse de Tonnerre. Aignay ne rapportait absolument rien, de telle sorte que Richemont pria son beau-frère de le reprendre. Quant aux châtellenies restantes, elles étaient loin d'atteindre le revenu de 5,000 ll promis par contrat de mariage.

Glenne, cependant, continuait d'être administrée avec la même conscience par son châtelain, Regnault de Thoisy, mais le comte de Richemont, frustré dans son attente, se décida à faire des remontrances au duc Philippe. Il lui envoya, à cet effet, le 10 mars 1438, deux de ses officiers, Jehan de Thoisy, conseiller, et Jehan Gilet, secrétaire, munis d'une procuration pour solliciter le paiement de la rente échue, et l'assignation des fonds suffisants pour garantir l'avenir. Cette réclamation eut pour résultat de faire attribuer à Marguerite de Bourgogne, pour remplacer Tonnerre et Aignay, les seigneuries de Mont-Réal et de Châtel-Girard. [5]

Au reste, l'effet de cette nouvelle concession ne fut pas de longue durée, car la comtesse de Richemont mourut le 2 février 1441. Comme elle ne laissait pas d'enfant, les châtellenies qui formaient la garantie de sa dot firent retour au duc de Bourgogne qui s'empressa d'en faire hommage à sa troisième femme, Isabelle de Portugal. Aussi, *Pierre Ballard,* nommé receveur de Glenne pour le comte

1. Pouilly-en-Auxois.
2. Duesme (Côte-d'Or).
3. Aignay-le-Duc (Côte-d'Or).
4. Saint-Marc (Côte-d'Or).
5. Montréal et Châtel-Gérard dans l'Yonne.

de Richemont, en 1440, reçut-il une institution nouvelle en 1441, au nom de la duchesse de Bourgogne.

La conséquence des événements qui précèdent fut de produire une lacune dans les registres de Glenne, car ceux-ci, remis au connétable de Richemont jusqu'à la mort de sa femme, ne furent jamais restitués à la Chambre des comptes. Seule la châtellenie de la Toison, qui avait été exclue de l'apanage, continua de rendre ses comptes au duché par l'intermédiaire de Regnault de Thoisy.

A partir de 1441, la recette de Glenne et celle de Roussillon furent confiées à des receveurs différents. Pierre Balard eut Glenne, et Lambert Laval, Roussillon. Tous deux administrèrent conjointement leur châtellenie durant vingt-huit années, pendant lesquelles nous signalerons seulement quelques faits intéressants.

Le compte de 1446 mentionne un remboursement fait par le duc à Huguenot Alardot, tanneur à Dijon, pour « un prêt fait à l'armée de Calais. »[1]

Celui de 1447 nous donne la recette de la foire des vingt jours de Noël, tenue à Verrière-sous-Glenne. Le bœuf, le porc, le mouton, produisaient par tête un denier; les vaches, les brebis et les chèvres donnaient chacune une obole.

En 1448, Lambert Laval propose une réduction de comptes pour deniers d'exploits non perçus « sur plusieurs povres personnes de la chastellenie, dont les aulcuns se sont absentez de leurs lieux, les ungs alez de vie à trespas, les aultres sont mendiants par le païs, la plupart des aultres sont en sentence d'excommuniement; et aussi y en a beau-

---

1. L'armée de Calais, dont il est ici question, avait été réunie dix années auparavant, après la réconciliation de la France et de la Bourgogne, pour mettre le siège devant Calais. Le manque d'argent empêcha qu'on ne délogeât les Anglais, et aussi, il faut bien le dire, la défection des Flamands qui, ne se voyant pas assez soutenus par les Français et les Bourguignons, abandonnèrent l'armée en réclamant leur solde, « une robe par homme. » Le compte de 1416 nous donne un exemple des moyens employés pour parer aux dépenses de cette expédition.

coup d'estrangers demourant hors ladite chastellenie. De tous lesquelx povres et miserables le receveur n'a pu estre payé des exploits de justice. » Voilà quel était le résultat d'une longue période de guerre couronnée par les ravages des Écorcheurs.

L'année 1449 fut celle de la mort du châtelain Regnault de Thoisy. La reddition des comptes incomba donc à ses deux fils Geoffroy de Thoisy, chevalier, Sr de Mimeure, conseiller et chambellan du duc, et Pierre de Thoisy, aussi conseiller, écuyer d'écurie et bailli d'Autun et de Montcenis.

Geoffroy de Thoisy reçut le titre de châtelain de Glenne qu'avait eu son père, et perçut les gages de 16 francs 8 gros, non compris les grains et quelques autres avantages.

A cette époque, la guerre aux sorciers battait son plein, et Glenne eut, comme tant d'autres châtellenies, son auto-da-fé.

Une femme, Jehannette de Baugy, passait, à tort ou à raison, pour se livrer à des pratiques de sorcellerie formellement réprouvées par le droit canon. Dénoncée à l'inquisiteur de la foi, elle comparut devant ce dernier qui s'était rendu à Glenne accompagné de son chapelain et de deux sergents de l'évêque. Convaincue de magie et condamnée au bûcher, Jehannette de Baugy fut remise par l'inquisiteur à la justice de Glenne, le jeudi 23 mai 1452.

Pierre de Thoisy, Sr de Gamay, bailli d'Autun et de Montcenis, s'était, à cet effet, transporté sur place avec quatre sergents et Robin le Roy, exécuteur de la haute justice. Il procéda, en arrivant, aux apprêts de l'exécution et requit trois ouvriers, Jehan Bouley, Guillaume le Roy et Jehan Chastelain, pour dresser la tribune de l'inquisiteur. Puis il fit entasser cent fagots en haut desquels fut dressé un pilier muni de cordes. Le vendredi matin, Jehannette de Baugy fut conduite au lieu de l'exécution. Robin le Roy la fit monter sur le bûcher et l'attacha au pilier faisant face au tribunal. Du haut de sa tribune, l'inquisiteur lui adressa les exhortations habituelles en pareil cas, et le bourreau remplit son office. Au reste, voici le texte même du registre des comptes qui mentionne les dépenses d'exécution, sans indiquer les chiffres :

Robin le Roy, exécuteur de la haulte justice ou bailliage d'Ostun reçoit pour salaire pour l'exécution faite le vendredi xxiiii may mil ccccliI de Jehannette de Baugy, sorcière, qui a esté bruslée pour ses desmerites....... Despens de l'inquisiteur de la foy, son chapelain et deux sergens de l'evesque d'Ostun qui rendirent ladite Jehannette de Baugy à la justice de Glennes le jeudi xxiii may mil ccccliI, où le vendredi xxiiii ledit inquisiteur la prescha....... Despens de noble homme Pierre de Thoisy, Sr de Gamay, conseiller, bailli d'Ostun et de Montcenis, qui vint, lui et son cinquiesme à cheval pour accompagner la justice du dit Glennes, le jeudi au soir qui y furent jusqu'au vendredi à midi....... Et pour les despens de Jehan Bouley, Guillaume le Roy et Jehan Chastellain, lesquelx firent les chaffaulx pour la prescher...... Et pour les despens de bouche de Robin-le-Roy, exécuteur de la haulte justice au bailliage d'Ostun, et de celui qui fist le pillier pour l'attacher, et aussi la vendue d'ung cent de fagots pour la brusler.

En 1452, la recette de Glenne passe aux mains de *Jehan de Maizière,* mais celle de Roussillon demeure à Lambert Laval.

C'est en 1456 que *Jehan Cotin,* conseiller du duc de Bourgogne, prend à son tour le titre de châtelain de Glenne et de Roussillon.

Deux années plus tard, en 1459, Jehan Cotin se préoccupa de faire rentrer dans le domaine ducal le produit des droits de péage de la châtellenie. En quoi consistait donc exactement ce droit de péage ? Dans son sens strict, le péage était un droit perçu sur les chemins, les rivières et les ponts, pour subvenir à leur entretien et garantir leur sécurité. Il s'appliquait aux marchandises les plus diverses et aux bestiaux de toutes sortes, chaque fois qu'ils passaient par certains lieux déterminés où se trouvait un poste analogue à nos bureaux d'octroi. Justifiés tout d'abord par la nécessité de leur établissement, les droits de péage, d'origine romaine, devinrent peu à peu droits seigneuriaux absolument arbitraires. La circulation des chemins se trouva bientôt entravée par un nombre prodigieux de ces postes, exploités avec d'autant plus de rigueur, qu'ils étaient, le plus souvent, mis en adjudication. Au reste, ces taxes prenaient les noms les plus divers. Ici c'était le droit de barrage, là le droit de billette, ailleurs le pontonnage, le passage, le travers, et bien d'autres. Chaque seigneur ne manquait pas d'établir un poste sur sa seigneurie et, la plupart du temps, affichait sur un écriteau les divers tarifs d'imposition. En retour, il était responsable, théoriquement du moins, de la sécurité de ses domaines, et devait indemniser les voyageurs qui étaient attaqués ou dévalisés pendant le jour. La nuit, chacun devait rester chez soi, s'il tenait à la vie. En réalité, les garanties seigneuriales étaient illusoires. Peu à peu même, les abus devinrent tels, que l'Église se vit forcée d'intervenir, et que la bulle *In cœna Domini* prononça l'excommunication contre tous ceux qui établiraient de nouveaux droits de péage sur leurs terres.

La châtellenie de Glenne suivait la loi commune, et de nombreux péages s'étaient établis sur son territoire, à Lafaye[1], Glux[2], Montchanyx[3], Saint-Prix[4], etc. Mais le poste le plus important existait au Péageur, près de la Boutière. Il avait une valeur considérable, à cause des apports nombreux et variés qu'on amenait par cette voie à la foire du Beuvray.

Le bœuf payait 1 blanc, le taureau 2 blancs, la vache 1 denier, les 12 moutons et les 12 porcs 2 blancs, le cheval

1. La Faye, commune de Cussy.
2. Glux, canton de Château-Chinon.
3. Lieu disparu ou ayant changé de nom.
4. Saint-Prix, canton de Saint-Léger-sous-Beuvray.

ferré 1 sol 5 deniers, la jument ferrée 1 sol, le poulain
2 blancs, la charrette ferrée, chargée de marchandises
1 gros, la charrette non ferrée 2 blancs. En outre les marchandises les plus diverses payaient des taxes spéciales,
telles les draps, les cuirs, les fers, le sel, le blé, les
oignons, les fruits, le lin, le miel, le vin, la laine, la toile,
la cire, les harengs, la laiterie et bien d'autres.

On juge par là de l'importance que prenait la recette,
d'autant plus que les agents préposés à sa perception ne se
faisaient pas faute de majorer les taxes établies. Le péage
du Péageur fut, à l'origine, concédé à des particuliers,
comme une sorte de fief indivis entre tous les concession-
naires. Le principal titulaire des premiers temps de la concession fut le sire de la Boutière [1], dont les descendants
s'efforcèrent d'acquérir peu à peu la presque totalité des
recettes. C'est ainsi qu'en 1416, Jean de Douhat, fils de
Martin de la Colonge, vendit à Pierre de la Boutière,
écuyer, la moitié par indivis d'un huitième et d'un seizième
du péage pour 7 fr. Plus tard, en 1437 et en 1439, les deux
frères Louis et Guillaume de la Boutière, écuyers, acquirent,
par deux actes successifs, de Jehannette, veuve de feu
Perreaul de Mardoul, et ensuite de ses héritiers, les 2/8e des
droits de péage moyennant 32ll t. La famille Doret détenait,
elle aussi, 1/16e des droits. Elle les avait acquis, en 1408, de
Regnault Seguin et de Girard Dodin frères, moyennant le
prix de 8 fr. en bon or. Plusieurs autres habitants de la
châtellenie, entre autres les frères Garnier, Chrétien de la
Colonge, Guillaume de Montsarin et le curé de Verrière,
possédaient de même, en 1459, quelques droits sur les
recettes du péage.

Sous prétexte de réprimer les abus et les surtaxes, mais,

---

1. La maison de la Boutière était fort ancienne. Eudes IV, pendant les grands
jours de Beaune, en 1321, avait accordé aux sires de la Boutière le droit de chasse
à cor et à cri, d'usage et de pacage dans ses forêts, et de pêche dans ses rivières.
(Cf. Baudiau.)

en réalité, pour tirer de l'affaire un meilleur profit, le pouvoir central se préoccupait déjà de réunir tous les droits de péage au domaine ducal. Il fallut donc, à Glenne, traiter avec tous les possesseurs et consacrer aux achats une bonne partie des recettes de la châtellenie. La première transaction se fit avec Guillaume de la Boutière, le 21 avril 1459. Ce dernier agissait tant en son nom personnel que comme curateur des enfants de feu son frère Louis de la Boutière, écuyer. Il vendit au duc tous ses droits pour le prix de 55 fr. $^1/_2$ et lui remit les titres d'acquisition de ses ancêtres.

Le 24 avril suivant, nouvelle acquisition faite aux frères Jean et Pierre Garnier, de la huitième partie du péage, pour le prix de 11 florins.

Le 16 juin, Pierre Garnier revend pour 11ᵘ t. la seizième partie du même péage.

Une autre seizième partie est aliénée pour 8ᵘ par Jehan Doret, de Saint-Léger-sous-Beuvray, le 6 juillet.

Le 1ᵉʳ septembre, Chrétien de la Colonge abandonne une huitième et une seizième partie du péage.

Guillaume de Montsarin, écuyer, vend, le 10 septembre 1459, 9ᵘ 8 gros de rente annuelle et perpétuelle qu'il possédait sur le même péage.

Enfin, le 1ᵉʳ juillet, une rente analogue de 4 gros par an est aliénée moyennant 3 fr. par messire Jehan du Troux, prêtre, curé de l'église de Verrière.

C'est ainsi que se complétait peu à peu l'homogénéité de la châtellenie.

En 1462, *Pierre Balard* est commis à la recette de Glenne par lettres closes qui lui ordonnent de remplacer Jehan de Maizière. Nous trouvons, dans les comptes de l'année suivante, un exemple intéressant de dévolution successorale. Mᵉ Jean de Ferrière, dit Naudin, prêtre de Beaune et homme réputé mainmortable du duc de Bourgogne, étant décédé, son héritage fut tout à la fois réclamé par ses héritiers et par les officiers du duc. Le receveur de Roussillon se rendit même à Beaune pour réclamer la succession. Mais comme il fut prouvé que le prêtre défunt avait été affranchi par le duc Jean, ses biens furent, en fin de compte, délivrés à ses héritiers naturels.

Les comptes des années 1464 à 1469 nous offrent des documents précieux sur la fixation des diverses mesures de la contrée. A Roussillon, le muid[1] contenait 12 setiers, le setier 2 émines, l'émine 2 bichots, le bichot 3 boisseaux ou 4 quartes et le boisseau 2 compasies.

En 1468, le duc Charles fait don à noble et puissant S[r] messire Michel de Chaugy, chevalier, de 300[ll] t. à titre de pension à vie qu'il doit prendre sur la terre de Roussillon dont il est nommé gouverneur. C'est donc Michel de Chaugy qui a désormais le pouvoir de nommer à tous les offices de cette châtellenie.

Guillaume Charvot, précédemment châtelain de la Toison, succède à Pierre Balard en 1469, comme receveur de la châtellenie de Glenne. Son premier compte signale une singulière expédition, à l'occasion d'une exécution capitale. Il s'agissait de deux criminels enfermés au château de Riveau, et qu'un arrêt de justice avait condamnés, nous ne savons pour quel motif, à mourir au lieu de Montandé, près de Saint-Léger-sous-Beuvray. L'exécution paraît avoir été l'occasion d'une véritable partie de plaisir car, outre les procureurs, sergents et autres officiers de justice qui firent ripaille à l'auberge de Saint-Léger-sous-Beuvray, le compte mentionne que « tous les habitans d'icelle chastellenie accompagnèrent la justice de mondit seigneur et les deux coupables jusqu'au lieu de Montandey où ils furent mis au dernier supplice. » Autres temps, autres mœurs, et pour-

---

1. Le muid n'était pas ici un vaisseau servant à mesurer le blé ; c'était une mesure idéale employée pour éviter le trop grand nombre. Le muid de Paris équivalait à 18 hectol. 72. Celui de Roussillon lui semble inférieur d'une centaine de litres au moins.

tant, sommes-nous bien sûrs que si pareille occasion se retrouvait de nos jours les suppliciés n'auraient pas une escorte aussi nombreuse et aussi avide d'émotion ?

Les comptes de 1470 mentionnent la remise d'une certaine rente appelée « la guete » qui était due au duc de Bourgogne par Hugues de Clugny, écuyer, châtelain, capitaine et garde du château de Riveau. Cette rente consistait en 80 bichots de seigle à demi combles, et 13 setiers, 3 bichots de seigle, mesure de Roussillon. Bien que la remise de cette redevance, résultât de lettres patentes du duc Charles, la Chambre des comptes jugea bon de biffer cet article pour conserver les choses en état.

Jean Garnier fut nommé châtelain et receveur de Glenne, et du grenier à sel de Bourbon-Lancy en l'année 1473. Il rencontra, dès les premiers mois de son entrée en charge, une telle misère, qu'il lui fut impossible de faire rentrer la plupart des menues amendes auxquelles les vassaux de la châtellenie étaient condamnés journellement. Comme le receveur voulait sévir, Jean Vinier, prêtre et vicaire de l'église paroissiale de la Comelle, rédigea un certificat attestant que, parmi les condamnés qui ne pouvaient payer l'amende, les uns, ses paroissiens, et les autres, connus de lui, « tous estoient pouvres misérables et destruits pour les guerres qui ont coru et qui courent à présent, les aulcuns d'eux excommuniez, les aultres du pays nivernois et aultres mendiant leur pouvre vie, n'ayant de quoy subsister. » Il s'ensuivit que la recette des amendes fut nulle.

GLENNE, CHATELLENIE ROYALE

DE 1477 A 1789

La châtellenie de Glenne n'eut pas trop à souffrir de la réunion du duché de Bourgogne à la couronne de France. Comme il n'y existait aucun centre de résistance, le territoire fut envahi, sans coup férir, par les troupes de Louis XI, en 1477. Aussitôt le roi, par lettres patentes, fit don de jouissance viagère sur la châtellenie à noble et puissant seigneur, messire *Jean Blosset*, Sr de Saint-Pierre, qui prit le titre de seigneur de Glenne. [1]

Jean Blosset toucha, à son entrée en jouissance, la somme de 187[ll], qui devait être versée par Jean Garnier à la caisse du receveur général du duché. Dès lors, les revenus de la châtellenie furent déposés entre les mains du nouveau seigneur, à charge par lui d'en payer les officiers et d'en acquitter les autres charges. Mais, Jean Blosset se crut, par le fait, autorisé à nommer les officiers à ses gages, et pourvut Jeannot Dupin des fonctions de gruyer. La Chambre des comptes protesta aussitôt et biffa l'article des gages de Dupin. « Il n'appert point, ajouta-t-elle en marge, que ledit Blosset ait le droit de commettre officiers. » Au surplus, le nouveau titulaire ne jouit pas longtemps de son bénéfice. Ce qui s'était produit pour Montcenis se renouvela pour Glenne, et Louis XI, avec son humeur changeante, eut tôt fait de retirer la parole qu'il avait donnée à Blosset. Dès l'année 1482, Glenne fut affectée par le roi

---

1. Arch. de la Côte-d'Or, B, 418.

E. F.

au paiement des 6,000[ll] de rente qu'il avait données « à Messeigneurs les religieux, abbé et couvent de Monsieur St-Claude[1]. » Le couvent en prit possession le 28 juillet, et, à partir de ce jour, le receveur Garnier dut verser, sur l'ordre du roi, la totalité des recettes aux religieux de Saint-Claude.

Mais Louis XI mourut l'année suivante, et Charles VIII s'empressa d'affecter de nouveau les revenus de Glenne aux besoins du trésor. Jean Garnier fut maintenu dans ses fonctions, et Jean Esperon devint receveur et procureur de Roussillon. Le receveur Garnier fut invité à verser dès lors entre les mains de Jean Raboteau, conseiller du roi et receveur général en Bourgogne, tout le montant de sa recette. Il fallait, en effet, alimenter la caisse de Denis Pesquet, commis au paiement des gens de guerre « establis à la morte-paye en Bourgogne. »[2]

Les recettes de l'année 1486 contribuèrent au paiement de la pension de 2,000[ll] dont jouissait messire Philippe Pot, seigneur de la Roche, chevalier de l'ordre du roi.[3]

Celles de l'année 1486 furent versées pour l'acquit de la pension de Mgr de Neufchâtel[4]. Cette pension s'élevait également à 2,000[ll].

En 1489, la Chambre des comptes ayant affecté 8,000[f] aux diverses réparations et constructions des châteaux de

---

1. Il s'agit du couvent fondé à Condat, au cinquième siècle, par les frères Saint-Romain et Saint-Lucipien, et dont saint Claude, mort en 696, fut le douzième abbé. L'invention de ses reliques, en 1243, donna lieu à la construction de la ville de Saint-Claude.

2. Ces mortes-paies portaient encore le nom de Compagnie franche. Ils étaient régulièrement rétribués, bien qu'ils ne fissent pas un service actif. Dijon avait sa compagnie de mortes-paies.

3. Ancien chambellan du duc Charles.

4. Henry, Sr de Neufchâtel et de Châtel-sur-Moselle, avait été aussi chambellan du duc Charles et son lieutenant général sur les frontières d'Allemagne. Il était cousin du feu duc de Bourgogne.

Beaune, Auxonne et Dijon, la châtellenie de Glenne fut cette fois encore mise à contribution.

Les deux années suivantes, Jean Garnier répartit ses recettes entre Guillaume de Neufchâtel, écuyer, Sr de Clermont, « pour son entretennement au service du roy », Claude d'Inteville, abbé de la Ferté, qui toucha 200[ll] et damoiselle Simonne Sauvegrain dont la pension créée par le dernier duc de Bourgogne avait été confirmée par les rois de France.

Le compte de 1491 réserve encore une part contributive aux 700[ll] de pension que touchait Georges de la Trémoille, chevalier, Sr de Jonvelle. Mais ce dernier s'étant vanté qu'il aurait le reste des recettes de Glenne et de Roussillon, le receveur fit le voyage de Dijon pour « en advertir messieurs des comptes. » Le 9 juillet de cette même année, Jean Garnier, châtelain de Glenne et Robert Brulet, procureur du roi dans la châtellenie, consentirent un bail à cens au profit de Phorien Melley, sur le mex de la Boudote[1], moyennant la rente annuelle et perpétuelle d'un gros valant 20 deniers tournois payable au jour de la foire du Beuvray. L'acte rédigé en présence de plusieurs témoins, parmi lesquels noble Guillaume de la Bouthière, est pourvu du seing manuel de Guillaume Buffot, notaire à Autun.

En 1494, sont mentionnés des frais de poursuite contre des faux monnayeurs faisant usage de faux testons[2]. Tous furent condamnés à être fouettés et bannis. Le capitaine du château de Riveau était, à cette époque, M. de Laguiche, Sr de Chaumont en Charollais et de la Perrière. Il recevait, d'habitude, à titre de gages, 6 setiers 7 bichets de blé du receveur de Glenne. Mais en l'année 1497, le roi, pour cer-

---

1. Localité ayant disparu ou ayant changé de nom.
2. Monnaie de 14 sous 6 deniers.

taines raisons qu'on n'explique pas, porta la **redevance** à 13 setiers et 3 bichets.

Dans le compte de 1499, nous trouvons encore un exemple de rémission des redevances en faveur d'un habitant de Verrière-sous-Glenne, sur l'attestation de pauvreté donnée par le curé de la paroisse, Alexandre Pasturel, et le notaire Jean Mugnier.

Le registre de 1502 renferme copie de lettres patentes de Louis XII donnant à Oudot Chomedey l'office de procureur et receveur de Roussillon après le décès de Jean Esperon. Jean Garnier mourut lui-même l'année suivante et fut remplacé à Glenne par *Jean Coste*.

En 1504, messire François Rolin, chevalier, Sr de Beauchamp, conseiller et chambellan du roi, bailli d'Autun et de Montcenis et capitaine du château de Riveau, reçoit le seigle faisant partie de ses gages. Le roi lui en concédait en effet 80 bichets à la mesure de St-Louis qui était à demi comble, revenant à 13 setiers 3 bichets, mesure de Roussillon. Rolin avait, en outre, le droit de lever à son profit toutes les redevances des habitants des villages nommés au terrier de Roussillon. Il exerçait encore sa charge et ses prérogatives en 1514. [1]

Les comptes de 1506 contiennent d'intéressants détails sur la vente des bois de charpente. Tous les chênes vendus pour la construction sont estimés à la moyenne de 2 gros le pied.

Nous trouvons au même registre la recette du petit péage La Faye, appartenant par moitié au roi et au sire de Choiseul-Traves, seigneur de Vauteau. La partie du Roi était amodiée 22 gros.

Les dépenses de 1508 affectent une somme de 300^{ll} à Jean Saumaire, payeur des mortes-payes pour la garde des villes et châteaux de Bourgogne, dans le but de contribuer

---

1. Arch. de la Côte-d'Or, B, 4907.

à former les 2,400 ^{ll} destinées à la solde, des 40 hommes qui furent au château de Talant depuis le 1er janvier 1508 (n. st. 1509).

L'année 1513 fut marquée par une réclamation digne d'être signalée. Depuis que le péage dépendait tout entier de l'autorité royale, on en faisait chaque année une amodiation au plus offrant et dernier enchérisseur. En dépit des taxes fixées, les amodiataires peu scrupuleux imposaient souvent aux passagers les tarifs les plus fantaisistes. Henri Balard et Philippe Blanchot, les adjudicataires de 1513, poussèrent si loin l'arbitraire, que le procureur et le châtelain de Glenne finirent par écouter les plaintes qui leur arrivaient de toutes parts, et adressèrent une requête au roi, pour le prier de mettre fin à cet état de choses. Une enquête fut prescrite où comparurent un nombre considérable de témoins qui accusèrent presque tous des taxes doubles ou triples du tarif reçu par l'usage. Il en résulta qu'un nouveau tarif fut dressé, conforme à l'ancien, et imposé aux adjudicataires, sous peine de déchéance et de dommages-intérêts.

La famille de la Bouthière qui jouissait jadis de la majeure partie des droits de péage, possédait encore, à cette époque, un des fiefs les plus importants de Glenne. Le roi lui avait accordé à perpétuité, moyennant 20 sous tournois par année, le droit de haute justice sur la Bouthière. Comme Guyot de la Bouthière, écuyer, Sr de Reul, avait acquis un certain nombre de cens et de rentes sur Glenne, de François de la Bouthière, son neveu, et de Gilbert du Vivier, prêtre de Saint-Léger-sous-Beuvray, il en fit une reprise de fief le 11 septembre 1517 et un dénombrement le 27 mai 1518. Ce dénombrement n'accuse que des rentes, tailles, corvées et gélines dues par quelques particuliers dépendant de la châtellenie de Glenne. [1]

---

1. Arch. de la Côte-d'Or, B, 10598.

La recette de 1519 fut versée tout entière entre les mains du receveur général qui devait la remettre à M° Lambert Maigret, conseiller du roi. Lambert Maigret avait été chargé de payer les frais extraordinaires des armées et la pension des Suisses.

Les comptes de 1520 mentionnent que les habitants de Glenne donnent 8 bichets d'avoine « pour récompense de ce qu'ils peuvent chasser à tous engins aux perdrix. » Les deniers sont versés entre les mains de Claude Duchamp, payeur des gages des présidents, conseillers et autres officiers de la cour du Parlement de Bourgogne.

En 1521, s'amodient les péages de Montchany, Saint-Prix et Glux, pour le prix de 36 fr. par année. Le châtelain de Glenne se nommait alors *Olivier Anthouard* [1], et le M° forestier Ferry Morin.

Jules de Saint-Sernin, marquis de Valence et chevalier de l'ordre, pourvu par le roi d'une pension de 2,000 ^{ll}, avait la liberté de la prendre sur les seigneuries d'Argilly, de Pontailler et de Glenne. Il reçut de Glenne 92 ^{ll} en 1523.

Le registre de 1527 nous apprend que les petites tierces, c'est-à-dire une certaine taxe sur les fruits de la terre, se partageaient entre le roi et l'évêque d'Autun. Il signale aussi une curieuse redevance due par les habitants de la Goulaine qui, pour l'usage des bois de la localité, devaient donner une poule au receveur. Encore, la moitié de cette poule revenait-elle au Sr de la Roche-Millay. Il est vrai que la Goulaine ne comprenait alors que quatre feux.

Les années 1536 et 1537 furent marquées par un procès à propos duquel il n'est pas sans intérêt de donner quelques développements.

---

1. Courtépée (t. II, p. 515), cite un châtelain de Glenne du nom de Lazaré Anthouard dont la tombe se trouvait dans la chapelle de Saint-Nicolas à Marchaux. Peut-être y a-t-il confusion dans les prénoms.

L'étang de Poisson [1] existait déjà sur la paroisse de Saint-Léger-sous-Beuvray. Un moulin y était adjoint, et tous deux émargeaient assez souvent au budget pour des réparations importantes. Étang et moulin avaient été loués pour vingt ans, en 1506, par la Chambre des comptes, à Claude de Ciry, écuyer, Sr de Charnaille, qui exploitait l'un et l'autre. La location s'élevait à 30^{ll} par an. A son expiration, le bail avait été renouvelé, mais avec une dépréciation notable, car l'étang et son moulin se trouvaient en fort mauvais état. Bientôt même, la chaussée parut si compromise, qu'on se décida à y faire exécuter les travaux indispensables. Les adjudicataires de l'ouvrage furent Vivant Menestrier et Pierre Maignien. Il s'agissait de refaire à neuf certaines parties de la chaussée qui laissaient passer l'eau en abondance. Les entrepreneurs voulurent travailler à l'économie, substituèrent de la terre battue à l'argile stipulée dans le cahier des charges, firent du mortier sans beaucoup de chaux, se passèrent tout à fait de ciment et utilisèrent les anciennes fondations : « Combien que au commencement, dit un témoin, ils firent mener sur ladite chaussée ung ponsson de sang de bœuf lequel depuis ils ont espanché sans l'avoir mis en besoigne. » J'ignore à quel usage était destiné ce sang de bœuf mais, à coup sûr, les entrepreneurs firent un fort mauvais travail, en dépit des observations et des remontrances que ne leur ménageait pas Pupelin, le receveur de la châtellenie.

Le résultat ne se fit pas attendre. Deux mois après la clôture des travaux, la chaussée se rompit complètement et toute l'eau s'écoula. L'adjudicataire de l'étang se plaignit, demanda des dommages-intérêts, et comme il fallait trouver un bouc émissaire, un arrêt de la Tour-Carrée de Paris, rendu le 8 mai 1536, condamna comme responsable Jehan

---

1. Poisson, commune de Saint-Léger-sous-Beuvray.

Charvot, receveur d'Autun, à 600[ll] de dommages-intérêts applicables aux travaux de réfection de l'étang. Pupelin, son sous-ordre, se trouvait atteint par le fait. Aussi la sentence fut suivie d'une vigoureuse protestation qui aboutit à une enquête dirigée par messire Anthouard, le châtelain. Cette enquête révéla dans quelles conditions déplorables s'étaient faites les réparations, malgré les efforts de Pupelin. « Les ouvriers, disait-il, n'ont travaillé qu'à leur bon plaisir, disant en oultre oudit déposant qu'il n'en avoit que faire et qu'il ne se soucyast que de les payer. » Pour contraindre les entrepreneurs à parfaire leur travail, Pupelin s'était refusé tout d'abord à les payer ; mais Menestrier et Maignien, accompagnés de leurs hommes, s'étaient, à plusieurs reprises, rendus chez le receveur de Glenne à Autun en proférant des menaces. « Vous avez, criaient-ils, l'argent du roy et nous mourons de faim ! » Et ils ajoutaient que « jamais d'icelle maison ne sortiroient qu'ils ne feussent payés, que si payement ne leur faisoit, ils le tueroient ou il les tueroit. »

En fin de compte et pour se débarrasser d'eux, Pupelin s'était décidé à leur donner leur salaire. Mais lorsque l'enquête eut démontré dans quelles circonstances exceptionnelles ce paiement s'était effectué, on fit remonter à qui de droit la responsabilité de l'affaire, et l'on décréta une prise de corps contre Menestrier et Maignien. Les deux entrepreneurs furent enfermés à Riveau, mais tandis qu'on instruisait leur affaire, ils réussirent à prendre la clef des champs ; de telle sorte que, bien qu'ils eussent été condamnés à tous les travaux de réfection, nos compères surent fort bien s'affranchir des charges qui leur étaient imposées. L'affaire, semble-t-il, n'eut pas d'autre solution, et la recette générale fut sans doute obligée de payer les frais de cette mésaventure.

Reprenons les comptes de 1539, toujours sous le même receveur *Guillaume Pupelin*. Nous y trouvons une particularité intéressante, c'est l'existence d'un moulin à papier qui avait été exploité jusqu'alors par Jehan de Bissey, à l'aide d'une dérivation de la rivière banale de Glenne. Jehan de Bissey étant décédé, ses héritiers se chargèrent, en 1539, d'acquitter la redevance de 20 sous tournois stipulée dans le bail perpétuel du moulin.

Qu'étaient donc ces moulins à papier établis en pleine campagne? Il ne sera pas sans intérêt d'en donner, comme des moulins à drap, un rapide aperçu. Ils avaient, d'ailleurs, avec les foulons beaucoup d'analogie. La grande roue à palettes ou à augets, mue par le courant, faisait tourner un arbre à cames qui mettait en action une série de maillets capables de frapper chacun quarante coups par minute. Les chiffons, déjà préparés par la fermentation, coupés par la faux, nettoyés par le lavage, passaient successivement sous chacun de ces pilons qui les trituraient et les réduisaient en pâte claire. Les « pile-drapeaux » effilochaient et broyaient en douze heures, et les « pile-floran » affinaient en dix-huit ou vingt-quatre heures.

Comme on le voit, le travail était long, surtout lorsqu'on le compare à celui que fournissaient les cylindres de Hollande, trois fois plus expéditifs.

La matière affinée passait ensuite dans des caisses, si l'on n'en faisait pas un usage immédiat. On en était quitte pour la délayer au moment de s'en servir.

La confection des feuilles s'opérait ainsi : on préparait « la forme » ou sorte de cadre armé d'un réseau de fils de laiton nommés « la verjure », et maintenus transversalement par les pontaseaux. L'ouvrier plongeait cette forme dans la cuve et la retirait méthodiquement. La pâte liquide s'écoulait alors de tous côtés, tandis que la quantité nécessaire à la feuille était retenue par les contours de « la couverture » du cadre, à une épaisseur déterminée. Quelques secousses égalisaient la pâte et l'empêchaient de retomber dans la cuve à travers « la verjure ». L'eau seule s'écoulait et laissait dans le cadre la feuille sèche dont on pouvait débarrasser la forme presque immédiatement. Au reste l'impression en blanc de « la verjure » demeurait toujours très visible en transparence. Un ouvrier muni de deux formes faisait sept à huit feuilles par minute, et huit rames dans sa journée. [1]

Les opérations du feutrage, du pressurage de l'encollage et du lissage complétaient la fabrication.

Un moulin d'une certaine importance pouvait, en travaillant sans relâche, consommer annuellement jusqu'à 600 quintaux de chiffons. Quatre ouvriers dont un gouverneur et trois compagnons de cuves aidaient le maître du moulin. Trois femmes suffisaient aux opérations accessoires. L'exploitation ainsi comprise produisait, au dix-huitième siècle, 6,000[ll] de bénéfices. Assurément le moulin de Glenne n'avait pas cette importance, surtout au seizième siècle ; mais il pouvait être encore une source de revenus très appréciable.

Revenons aux registres des comptes. En 1541, Guillaume Pupelin acquit pour son compte personnel 20[ll] 8[s] 4[d] de rente, 21 bichets d'avoine, 40 bichets de seigle, 11 gélines et certaines corvées, de Jean de Marry, écuyer, S[r] de la Bussière et de Chevanes, et de Ligier de Marry, aussi écuyer, son frère, tous deux communs en biens. Comme ces acquisitions relevaient du roi en ce qu'elles dépendaient de Glenne, Pupelin en fit une reprise de fief le 28 juillet 1541. [2]

D'autres acquisitions dans la châtellenie méritent aussi d'être signalées, à cause des détails qu'elles nous donnent sur les transmissions de propriétés et les changements

---

1. Malgré le développement de plus en plus considérable de la fabrication mécanique, l'antique procédé à la cuve se pratique encore pour obtenir certains papiers de choix et notamment les papiers à filigrane que la machine exécute très imparfaitement.

2. Arch. de la Côte-d'Or, B, 10618.

de leurs possesseurs. L'un nous est signalé dans un dénombrement daté du 16 novembre 1545 et fourni par Barnabé du Vivier, écuyer, Sr de la Bouthière. Elle comprenait plusieurs cens sur quelques héritages de la châtellenie, acquis successivement par le Sr du Vivier, au cours des années 1541, 1542 et 1545, de Me Jacques de la Bouthière, curé de Saint-André d'Autun, de Léonard de la Bouthière, écuyer, son neveu, Sr de la Bouthière en partie, et de demoiselle Françoise de Moroge, femme de Léonard ; « tous lesdits cens portant lods tant iceulx que tous autres que souloit tenir feu damoiselle Françoise de la Boutière, veuve de noble homme Philibert de Frannoy, S^r d'Anisy, à cause des meix à elle redevables, assis es paroisses de Verrière-sous-Glenne, la Comelle, Blanzy et Tavernay. »

Un autre achat résulte d'une reprise de fief du 24 mai 1546, par laquelle Guillaume Pupelin, enquêteur au bailliage d'Autun, accuse avoir acquis, le 1er janvier précédent, certains cens, rentes, corvées, héritages et droits seigneuriaux dans la châtellenie de Glenne, de Charles de la Bouthière, écuyer, S^r dudit lieu, tant en son nom qu'au nom de Philiberte de Saint-Clément, sa femme. La reprise de fief ajoute que les divers objets de cette vente étaient en grande partie échus à Charles de la Bouthière par feu son père, Pierre de la Bouthière, S^r dudit lieu, du Verne [1] et de la Chaulme [2], qui les tenait lui-même de ses ancêtres.

Certains lots avaient été achetés par Charles de la Bouthière, le 21 janvier 1543, de Jean de Chasaulx et de Jean Moiton, comme tuteurs et curateurs de Jean et de Nicolas Garnier. [3]

Enfin, un dénombrement du 12 mars 1548, fait par dame Jeanne de la Bouthière, dame du Jeu, comprend aussi des

---

1. Le Verne, commune de la Comelle.
2. La Chaume, commune d'Anost.
3. Arch. de la Côte-d'Or, B, 10623.

cens et rentes qu'elle avait acquis dans la paroisse de la Comelle, de Melchior de la Comelle, écuyer, son neveu. [1]

Cette même année marque la date de la clôture des comptes, à la suite d'un événement dont nous allons parler. Le registre se termine sur une amodiation, pour 100ᶠ par an, du moulin et de l'étang de Poisson à Aimé Vilain et à Jean de Chavanne, son plaige.[2]

Dans cette seconde partie du seizième siècle, les vicissitudes de la châtellenie de Glenne sont liées aux embarras du trésor royal et aux expédients inventés pour y remédier. Nous savons que la légitimité du prêt à intérêt n'était pas encore officiellement reconnue, et que le temps n'était pas fort éloigné où les ordonnances royales condamnaient à des peines sévères toute stipulation de cette nature qu'elles qualifiaient indistinctement d'usure[3]. Peu à peu, cependant, l'ennui de laisser des capitaux improductifs et la nécessité où l'on se trouvait d'y recourir, suggéra certaines compromissions dont la plus pratique consistait à aliéner une somme moyennant un revenu annuel payable par l'acquéreur à perpétuité. Ce fut l'origine de la constitution de rente qui reçut l'approbation de l'Église par la bulle *Regimini* du pape Martin V, en 1425. Puis la rente, primitivement non rachetable, devint, dans la suite, un véritable contrat de prêt, par la faculté de rachat perpétuel qui y fut adjointe. Au reste, les rois eux-mêmes étaient intéressés à ces facilités nouvelles; leurs finances, de plus en plus obérées par le luxe croissant et par les expéditions lointaines, commencèrent d'avoir recours aux expédients de constitution de rente, chaque fois qu'un vide se trouvait à combler. Ces premiers emprunts déguisés, opérés par l'État, n'eurent d'abord qu'un succès relatif, car le trésor, il faut bien le dire, s'acquitta parfois fort arbitrairement de

1. Arch. de la Côte-d'Or, B, 10629.
2. Sa caution.
3. Voir *les Établissements de Saint-Louis*.

ses obligations. Aussi, pour inspirer confiance, dût-on fournir une sorte de gage aux vendeurs garantissant le paiement régulier de leur rente.

Le domaine royal était là pour répondre; mais nous avons vu, à propos de la châtellenie de Montcenis, qu'il était, en principe, inaliénable et imprescriptible. On avait bien décidé qu'une exception serait faite chaque fois qu'il s'agirait d'apanager les puînés mâles de la maison de France; auquel cas le domaine devait revenir à la couronne, s'il y avait extinction des mâles dans leur famille. Mais il fallut admettre encore une nouvelle exception concernant les aliénations au comptant pour les nécessités de la guerre, avec faculté de rachat perpétuel.

L'édit de Moulins, de février 1566, sanctionna officiellement, dans son article 1er, ces dispositions en usage depuis un demi-siècle déjà.

En somme, l'État voulait-il contracter un emprunt? Le prétexte militaire était vite trouvé, et le roi vendait, pour la somme dont il avait besoin, une portion de territoire dont le revenu devait garantir le paiement de la rente estimée le plus souvent au denier 12, c'est-à-dire au taux de 8,33 p. 100. Lorsque l'État était en mesure de racheter ses domaines aliénés, après une expédition fructueuse ou une levée extraordinaire d'impôts, il remboursait à ses bailleurs de fonds la somme qu'il en avait reçue et jouissait à nouveau de la libre disposition de son territoire.

L'année 1547, date de l'avénement de Henri II, fut particulièrement chargée au point de vue financier. Outre qu'il fallait achever de solder les frais énormes occasionnés par l'interminable rivalité de François Ier et de Charles-Quint, le nouveau roi se vit encore obligé de racheter aux Anglais la ville de Boulogne qu'ils avaient prise l'année précédente.

Aussi, un édit de décembre 1547 ordonna qu'il serait « vendu aliéné et engagé, à faculté de réachapt et rehéméré perpétuel aulcunes portions et membres du domaine royal et de ses aydes, jusques à la somme de cent cinquante mille livres tournois de revenu. »

La châtellenie de Glenne, comprise avec Glux et la Comelle dans les territoires à engager, fut mise en adjudication à l'auditoire du bailliage d'Autun, le 16 juin 1548. Après plusieurs enchères, la châtellenie fut adjugée à MM^{res} Jehan Calmine, chantre, et Dydier Loret, chanoine de l'église Saint-Ladre d'Autun « pour et au nom des vénérables doyen et membres du chapitre de ladicte église. » Le prix d'adjudication s'éleva à 8,868^{ll} 8^{s}., non compris les bois, hautes futaies affouages et bois morts dont l'inaliénabilité absolue était réservée par l'usage et fut officiellement reconnue quelques années plus tard par l'édit de Moulins.

Au surplus, il fut stipulé que les acquéreurs rembourseraient la somme de 700^{ll} 5^{s} à Guillaume Pupelin qui, par plusieurs acquisitions successives, était devenu possesseur de Glux et de la Comelle.

A partir de cette époque, le *Chapitre de la cathédrale d'Autun* touche les revenus de Glenne jusqu'à concurrence de la rente au denier 12 du capital qu'il avait aliéné à l'État. Cette rente annuelle était donc de 739^{ll} 8^{d} et ne comprenait probablement pas la totalité des recettes de la châtellenie, puisqu'une obligation nouvelle put être contractée encore par l'État, le 25 janvier 1571, à la suite de l'imposition sous forme d'emprunt forcé au denier 12, de la somme de 30,800^{ll} ordonné par le roi sur les gens aisés du pays. Me Georges Venot, avocat à Autun, ayant été taxé à la somme de 100^{ll}, reçut, par le contrat du 25 janvier, une constitution de rente de 8^{ll} 6^{s} 8^{d} sur les revenus de Glenne, avec réserve de rachat pour l'État.

Comme, d'ailleurs, les finances royales étaient loin de s'améliorer, il fallut aviser à de nouvelles combinaisons ; et le trésor montra qu'il n'était pas à bout d'expédients. Il fit supprimer, par l'édit de mars 1580, tous les offices de greffiers, tant civils que criminels, de clercs des greffes, de tabellions, de gardes des sceaux et de gardes-notes, et les réunit au domaine du roi, pour les vendre à charge de rachat perpétuel. C'est en vain que le Parlement adressa des remontrances, Henri III ordonna de passer outre par lettre de jussion du 25 juillet 1580 et par déclaration du 11 septembre de la même année, levant l'exemption accordée aux greffes et tabellionages des apanages du duc d'Anjou.

Le greffe de la justice et châtellenie de Glenne fut, en conséquence de cet édit, aliéné, le 19 février 1582, au profit de Mᵉ Georges la Berge, moyennant la finance de 315 écus. Treize ans plus tard, le 18 novembre 1595, le remboursement en fut ordonné et liquidé par sentence de messieurs les commissaires à la vente du domaine en Bourgogne, au profit de la veuve et des héritiers de Georges de la Berge décédé.

Au reste, la revente en avait été faite le 11 octobre précédent à Mᵉ Charles Blanchet, moyennant la somme de 800 écus.

En ce qui concerne les domaines, l'édit de septembre 1591, promulgué par Henri IV, avait décrété la possibilité de leur aliénation perpétuelle. Bien que cette clause ne paraît pas avoir jamais prévalu dans la suite, peut-être contribua-t-elle, en même temps que la dépréciation monétaire, à faire hausser considérablement les prix. C'est du moins ce qui semble résulter de la revente de 1596 dont nous allons parler.

Une commission spéciale avait été députée pour examiner l'opportunité des reventes à perpétuité. Celle de Glenne fut décidée et adjugée le 1ᵉʳ mars 1595, à *Guy Blondeau*, conseiller, notaire et secrétaire du roi et de ses finances, grand maître enquêteur et général réformateur des eaux et forêts en Bourgogne. Le chapitre de la cathédrale en ayant été instruit forma de suite opposition à la vente, pour être payé de la somme de 8,868ˡˡ 8ˢ 7ᵈ à lui due par le roi et assignée sur la terre de Glenne. Les chanoines réclamaient en outre 739ˡˡ 8ᵈ, montant des intérêts d'une année qui auraient été convertis en fort principal par lettres patentes. Une sentence du 28 juin 1596 les débouta de leur opposition. En conséquence, l'aliénation fut déclarée définitive au profit de Guy Blondeau le 21 décembre 1596.

La vente comprenait, outre les terres, la justice haute, moyenne et basse, les bois taillis et la moitié du bois de haute futaie de la Goulaine, l'autre moitié étant au Sr de la Roche-Millay. Le droit était encore donné à l'acquéreur « de prendre es bois de haut futage bois pour bâtir maison forte ou basse comme bon lui semblera, chauffer icelle, ses fours banaux, raccommoder ses moulins et étangs, chasser en tous lesdits bois à cor et à cri ; comme aussi les droits et actions de commise qui pourroient appartenir à Sa Majesté à l'encontre des vassaux tenants et mouvants du fief de ladite châtellenie. »[1]

Le prix d'acquisition atteignit la somme de 11,000 écus, c'est-à-dire 10,000 écus en prix principal et 1,000 écus pour les deux sols par livre de frais. L'expédition du contrat d'engagement porte la date du 21 décembre 1596.

La ratification de la vente stipule en outre que Blondeau pourra employer jusqu'à 2,000 écus à faire des constructions de granges ou autres bâtiments en amélioration de son domaine. Enfin, l'acte mentionne à part le remboursement par le receveur Charvot de 33 écus au Sr Georges Venot, et celui de 8,868^{11} 8^s 7^d au chapitre de la cathédrale ; mais il n'était nullement question du supplément revendiqué par les chanoines. D'où procès qui traîna plusieurs années. Guy Blondeau fut mis en demeure de payer l'excédent réclamé par le chapitre, mais, comme il se dérobait, le receveur refusa de lui donner quittance complète de son prix d'achat. Il se décida à s'exécuter sur les bases d'une transaction de revenu annuel sous forme d'aumône au profit du chapitre. Et comme les frais avaient plus que

---

1. Arch. de la Côte-d'Or, B, 1251.

doublé la somme, un arrêt du conseil d'État, du 2 août 1604, rendu à la requête de Guy Blondeau, fixa à 35,000 ᶫ le total définitif de l'adjudication de la châtellenie.

La perpétuité de la vente fut si peu observée que, dès l'année qui suivit la mort de Henri IV, le nouveau roi passa un contrat avec *Nicolas de Chèvremont*, pour le rachat suivi de revente des domaines de Glenne. Le sire de Chèvremont, chargé de rembourser Guy Blondeau, lui apporta seulement la somme de 26,170 ᶫ 12 ˢ 4 ᵈ sur les 35,000 ᶫ qui lui étaient dues. Restaient donc 8,837 ᶫ 7 ˢ 8 ᵈ que l'ancien possesseur s'empressa de réclamer au trésor. Un arrêt du conseil et des lettres patentes du 13 août 1611 ordonnèrent alors que Guy Blondeau jouirait de la rente au denier 30 de la somme de 8,829 ᶫ 9 ˢ 8 ᵈ jusqu'à son complet remboursement. [1]

Ce remboursement se fit en deux fois : une première fois, le 22 novembre 1612, messire Roger de Bellegarde, grand écuyer de France, fut chargé de verser entre les mains de Guy Blondeau une somme de 2,052 ᶫ 10 ˢ, à valoir sur le capital de sa rente. La somme de 6,784 ᶫ 17 ˢ 8 ᵈ, restant due, fut remboursée seulement en 1622.

Guy Blondeau habitait alors à Paris, dans la rue des Blancs-Manteaux « en la paroisse de Saint-Jehan-en-Grève ». Il était « conseiller du roi en son conseil d'État et privé ». Comme le paiement devait se faire en Bourgogne, Blondeau fut obligé de donner une procuration à son fils Roger qui se rendit à Dijon et descendit au logis du Lion-d'Or. C'est là qu'il donna quittance définitive au receveur, le 9 novembre 1622.

Au reste la châtellenie avait été revendue, le 27 juillet précédent, à messire *René du Rousset ou de Rousselet*, conseiller du roi en son conseil d'État, baron de Saché, de la Roche-Millay et de Boutteville. La vente s'était faite par adjudica-

---

1. Arch. de la Côte-d'Or, B, 35.

tion au dernier enchérisseur, en l'auditoire du bailliage. La troisième et dernière enchère de 30,000ll était demeurée au baron de la Roche-Millay, agissant tant pour lui que pour dame Marguerite de Montmorancy, son épouse. Aux revenus de la châtellenie s'étaient joints quelques droits et revenus nouveaux cédés au roi par messire Jeannin de Castille, en échange de la châtellenie de la Toison, notamment une partie de la seigneurie de la Perrière. Mais, d'autre part, l'acquéreur dut se soumettre à certaines obligations et servitudes. Il lui fallut, entre autres, se charger d'acquitter annuellement à titre d'aumônes au chapitre de la cathédrale, la somme de vIIxIll 17ᵃ 6ᵈ, affectée précédemment au revenu de Glenne. En outre, il reconnut les droits que firent valoir messire François de Chargère, Sr de la Bouthière et de Pomerais, et Jehan Tradel des Granges, Sr du Jeu, de prendre, dans les bois de la châtellenie, les charpentes nécessaires à leurs constructions, d'y mener paître leurs porcs, de chasser sur le territoire et de pêcher dans toutes les rivières du domaine. [1]

L'usage des bois à bâtir s'étendait d'ailleurs ordinairement à l'église de la paroisse, chaque fois qu'elle avait besoin de réparation. Un exemple nous en est donné au cours de l'année 1571. [2]

Au commencement du dix-septième siècle, certaines contestations s'étaient élevées au sujet de la circonscription où devaient s'exercer les droits de justice du roi. Une chevauchée fut ordonnée pour reconnaître le domaine de Glenne, les terres vaines et vagues qui s'y trouvaient et les justices enclavées. Un procès-verbal rédigé vers l'année 1607 par Jacques Venot, « conseiller, maître des comptes, commissaire député par le roi pour le renouvellement et parachèvement des terriers de son domaine en la généralité

1. Arch. de la Côte-d'Or, B, 429, fᵉ 168.
2. Arch. de la Côte-d'Or, Peincedé, t. XXV, p. 887.

de Bourgogne, et la recherche des usurpations, relate les comparutions des Seigneurs circonvoisins, invités à limiter leurs justices avec celle de Glenne et de la Toison.

Voici les noms des comparants tels que nous les trouvons aux archives de la Côte-d'Or dans le recueil de Peincedé, t. XVII, p. 432 ; les pièces originales n'existant plus :

Noble François de Sergères, Sr de Pommeret et la Boutière, à cause de sadite terre de la Boutière.

Damoiselle Charlotte de Gan Ve de noble Philibert Garnier Sr du Vouchot, à cause de sa terre de Senavelle. [1]

Damoiselle Claude du Plessis Ve de noble Jean de Traves, à cause de sa terre de Vaultouot. [2]

Le Sr de Savigny-Letang.

Noble Antoine de Rabutin Sr de Chaseul.

Noble Hugue de Chaulgy, Sr d'Anoz et de la Perrière [3], à cause de sadite terre de la Perrière.

Noble Louis Olivier Sr du Monceaux [4], tant pour lui que pour noble Philibert de Chassagne, Sr de Sarmoise, et Pierre du Fourg Sr de Villardet.

Noble Antoine Tixier Sr d'Orné, acquéreur dudit Orné de l'évêque d'Autun, pour limiter sa justice.

Noble Odinet de Montmoyen Sr de Chissey et Chaseul [5], à cause dudit Chaseul.

L'abbé de Saint-Martin, pour regard de ses bois qu'il a à Sommans [6] et ailleurs ; il a répondu qu'il n'avoit aucuns titres, parce que ses terriers et documents furent brûlés avec la maison abbatiale en l'an 1570, lors du passage de l'armée conduite par l'amiral de Coligny.

Noble Edme de Montmoyen, Sr du Jeu, à cause de sa terre du Jeu [7].

Dame Simone de Montagu, pour certains héritages et redevances, comparante par Me Simon de Montagu, lieutenant général de la chancellerie d'Autun.

Le Sr de la Roche de Millay, pour ladite Roche de Millay.

1. Senavelle, commune de la Grande-Verrière.
2. Vauthot, commune de la Grande-Verrière.
3. La Perrière, commune d'Étang.
4. Monceau, commune de Roussillon.
5. Chaseul-lès-Ostun, ancien château sur la commune de Laizy.
6. Sommant, commune d'Étang.
7. Le Jeu, commune de la Comelle.

Le Sr de Champlevrier pour la justice de Couches.

Damoiselle Helie Ferrières, à cause de sa terre de Chevannes les Ribauldes.

Noble Guy de Chaugy, S^r et baron de Rossillon, pour limitation de sa justice.

L'abbesse de Saint-Andoche d'Autun qui a répondu qu'elle n'a aucune justice limitrophe à celle du roi, sinon es bois de Fochier? dont, depuis deux ans, il y eut bornes plantés avec les officiers de la maitrises d'Autun, dont procès-verbal inscrit es registres de la gruerie.

Guy de Rabutin, à cause de sa seigneurie de Monthelon. [1]

François de Sergères, Sr de la Boutière, a dit qu'il avoit chartre de Louis XII, de l'an 1502, contenant le don fait à ses prédécesseurs de la justice haute, moyenne et basse audit lieu de la Boutière et terres étant en l'ancien domaine de ladite maison, avec le procès-verbal de la limitation de ladite justice, le tout vérifié à la chambre et ordonné que le tout soit communiqué au procureur du roi.

Noble Jean Bergier de Charancy, pour limiter sa justice dudit Charancy. [2]

Noble Guy de Sirot S^r dudit lieu, comparant par noble Étienne de Parny, son gendre, pour la déclaration de ce qu'il possède en héritages en la châtellenie de Glenne.

Noble Claude Ravier S^r d'Aigrevault, pour la limitation de la justice dudit Aigrevault [3]; fut dit qu'on assigneroit Nicolas Dechevanes, avocat à Autun, auquel portion de ladite terre d'Aigrevault appartient à cause de damoiselle Baptiste de Ganay, sa femme.

Noble Bénigne Doyen, Sr de Bazoy, assigné pour limiter sa justice dudit Bazoy [4] avec celle de Glenne.

Suit la mention du procès-verbal sur la reconnaissance générale faite par les sujets de la châtellenie de Glenne des droits de justice et autres appartenant au roi. Il y est dit :

Que la justice haute, moyenne et basse en toute ladite terre et dépendances appartient à Sa Majesté, savoir : es paroisses de Verrière, Saint-Léger-sous-Beuvray, Saint-Pris, Glux et la Comelle sous ledit Beuvray, dont les églises sont situées et assises rière ladite

1. Monthelon (Saône-et-Loire).
2. Charency, commune de Saint-Didier-sur-Arroux.
3. Aigrevaux, commune de Roussillon.
4. Bazoye, commune de Saint-Didier-sur-Arroux.

justice, partie des paroisses de Laisi et Étang, en ce qui est en deça la rivière d'Arroux, partie aussi rière les paroisses de Poil et Sommant et en la paroisse de Saint-Didier-sur-Arroux.

Indépendamment des détails de la procédure et des divers procès-verbaux de limitation qui sont pour nous sans importance, on peut citer encore quelques mentions intéressantes :

Et d'abord, les protestations faites de la part du S^r grand maître Blondeaut, acquéreur par engagement de ladite châtellenie, que le terrier qui se fait sous le nom du Roi ne puisse préjudicier à sa jouissance.

Ensuite un procès-verbal au fait de la limitation de la terre de Glenne avec celle de Roussillon. Ladite délimitation fut remise, et il est dit que le Sr de Rossillon produisit un terrier de ladite terre de Rossillon fait en l'an 1468 par commission du maître des comptes, lorsque le duc de Bourgogne jouissoit des trois cinquièmes de ladite terre, au commencement duquel est inséré le procès-verbal contenant la limitation d'icelle terre de tous endroits, excepté de celui de ladite châtellenie de Glenne, ce que, vraisemblablement auroit été omis, d'autant que lesdites deux terres étoient lors possédées par un même seigneur.

Puis, des lettres du roi Louis XII, du mois de septembre 1502, portant don et inféodation à Pierre, Guillaume, Jacques, Huguenin et Guiot de la Boutière, écuyers, de la justice haute, moyenne et basse dudit lieu de la Boutière, avec un signe patibulaire à un pillier seulement, à charge de payer 20^t de rente au receveur de la châtellenie de Glenne. Enfin, une assignation au vierg et aux échevins d'Autun, pour représenter les titres de la vierie d'Autun étant du domaine du roi. Il fut répondu par ledit vierg, qu'il y a plus de cent vingt ans que ladite ville jouit de ladite vierie à titres onéreux, par concession du roi Charles VIII, moyennant une redevance de 300^{ll} par an qui se paye au receveur du domaine du bailliage d'Autun.

Comme on le voit, l'analyse de ce long procès-verbal a bien son importance. Reprenons maintenant la suite des transmissions de notre châtellenie que nous avons laissée aux mains de René de Rousselet, baron de la Roche-Millay, en 1622.

René de Rousselet eut deux fils qui procédèrent à un partage, le 28 octobre 1643, après la mort de leurs père et mère. L'aîné, François, eut la seigneurie de Chache, et le second, Joseph-René, obtint Glenne et Senavelle. Il est vrai de dire que, depuis plusieurs années déjà, les deux frères jouissaient des biens de leurs parents, sans avoir pu se mettre complètement d'accord. Deux reprises de fiefs datées, l'une du 20 décembre 1641, et l'autre du 5 décembre 1642, attestent que *René de Rousselet*, le frère de François, résidant alors à Valaine, en Touraine, se considérait déjà comme le possesseur de Glenne et de Senavelle. Aussi le partage de 1643 n'eut-il qu'un caractère transactionnel. Une quittance postérieure nous apprend que René de Rousselet habita dans la suite à Paris, rue de Tournon ; il était alors colonel d'infanterie, aide de camp des armées du roi, et portait le titre de comte de la Roche-Millay.

La visite des feux de 1645 nous donnera quelques indications sur l'état de la châtellenie au milieu du dix-septième siècle : [1]

Millet de Bourgogne avait vingt habitants, dont dix laboureurs tenant charrue, le reste journaliers.

Sainct Ligier soubz Beuvray avait quatre-vingt-quatre habitants, dont vingt-trois tenant charrues, « le reste estant manouvriers, coupeurs de bois, tisserands et ayans aucunes autres méchaniques [2] ». La communauté devait à la demoiselle Nolay, à Autun, 600 [l] empruntées au sujet de la milice qui fut levée en Bourgogne « comme encore que la com-

---

1. Cf. *État des paroisses et communautés du bailliage d'Autun, en 1645,* publié par G. Dumay, Mémoires de la Société Éduenne, tome V.

2. Les arts mécaniques, dont il est ici question, sont vraisemblablement les fabriques de draps et de papier dont nous avons parlé plus haut et aussi les battoirs à écorces destinées à la tannerie. Il existe, en effet, dans la liasse C, 2543 des Archives de la Côte-d'Or, une requête par Jean Balard, notaire royal à Saint-Léger-sous-Beuvray, en date du 15 juillet 1611, qui demande à construire un battoir à écorces et à élever un moulin à grains sur la rivière de Machat, appartenant au roi, et sise au-dessous des planches de Verrière-sous-Glenne. Courtépée cite dans la paroisse de Verrière-sous-Glenne quatre moulins et trois battoirs.

pagnie de Monseigneur le Prince[1] y avoit logé deux jours. Ils ont eu d'ailleurs quelques autres passages qui leur coutent plus de 2,000^{ll}. »

Glux. Dont la moitié est de Nivernais, appartenant au roi à cause de son domaine laissé par engagement audit S^r baron de la Roche-Millay. Il y avait à Glux quarante-huit habitants dont six tenant charrues. « Le reste estoit pauvres gens gagnans leur vie dans les bois dont une partie s'emploie à labourer quelques endroicts de montagnes dans les essarts[2] des bois qu'on y a faict à force de bras avec des picz et pioches, la plus grande part dudit lieu qui est scitué sur de haultes montagnes, estant cultivé de ceste sorte. »

Sainct Prix. Au Sr de la Roche-Millay, avait quatre-vingt-douze habitants dont vingt-deux tenant charrues.

Verrière soubz Glaines. Se composait de quatre hameaux, comprenant cent cinquante-un habitants imposés dont quarante-sept laboureurs. « Le reste estant composé d'hostes[3], charrons et autres personnes travaillans es arts mécaniques. — Doivent 600^{ll} au Sr Lombard, d'Ostun, qu'ils ont empruntés pour payer leur cotte de subsistance[4] de l'année dernière, et 240^{ll} au Sr Baudot, d'Ostun, et encore 300^{ll} à Mme de la Goutte. Audit lieu, Jean de Geneste, qui possède des domaines, Pierre Labin et Michel Moron, notaire, se dispensent de la taille qu'ils pourroient bien porter, les habitans ne les osans imposer que fort modiquement. »

Glenne ne demeura pas longtemps entre les mains de Joseph-René de Rousselet. Avant d'expliquer comment la châtellenie passa aux Jeannin de Castille; donnons, sur cette

---

1. Armand de Bourbon, prince de Conty, fils de Henri II de Bourbon, prince de Condé, et de Charlotte-Marguerite de Montmorency.

2. Les essarts étaient des sortes de clairières broussailleuses.

3. Les hostes (*hospites*) comme les « censuales » et les « gens de poestes » avaient obtenu des concessions de terres sous des conditions de redevances et de corvées, tant réelles que personnelles, mais ils étaient supérieurs aux serfs en ce qu'ils pouvaient disposer de leur personne et de leurs biens.

4. La cote de subsistance était la part contributive de chaque paroisse aux approvisionnements militaires.

famille, quelques renseignements de nature à nous faire mieux comprendre les transmissions qui vont suivre.

Tout le monde connaît le président Jeannin, cet homme intègre qui préserva la Bourgogne des fureurs de la Saint-Barthélemy, et qui, dans la suite, sut inspirer à Henri IV autant d'affection que de confiance [1]. Pierre Jeannin, fils d'un tanneur, naquit à Autun en 1540 et mourut surintendant des finances en 1622. Sa biographie n'est plus à faire, et nous passerons sous silence le détail de son existence si bien remplie. Rappelons seulement qu'il épousa Anne Gueniot dont il eut un fils, le baron de Montjeu, qui passait pour un cavalier des plus accomplis de la cour. L'infortuné fut, comme tant d'autres, victime de la manie des duels qui faisait rage sous Louis XIII. Il périt, en 1612, dans un combat de nuit qu'il avait engagé pour soutenir l'honneur de sa maîtresse. On prétend que son père, malgré sa douleur, présida stoïquement le conseil, comme à l'ordinaire, le jour même où cette mort lui fut annoncée.

Il restait au président Jeannin une fille unique, Charlotte, qui épousa Pierre de Castille et lui apporta les baronnies de Chagny et de Dracy-Saint-Loup auxquelles fut jointe, plus tard, celle de Montjeu.

Pierre de Castille était le fils de Philippe Castille, dont la famille, originaire de Paris, s'était enrichie au commerce des soiries, dans la rue Saint-Denis. Philippe Castille avait épousé Geneviève Guérin dont il eut cinq enfants. Il s'éleva par son mérite à de hautes charges qui lui valurent des lettres d'anoblissement. Il était receveur général du clergé en France, en 1580, et secrétaire du roi le 16 février 1588. Son fils Pierre n'obtint la main de Charlotte Jeannin qu'à la condition de joindre les armes de sa femme et son nom de famille aux armes et au nom de Castille. Les Jeannin

---

1. Saint-Simon disait de lui qu'il était le ministre d'État au dehors et au dedans. Il sut le prouver en maintes circonstances.

de Castille portèrent donc désormais : « écartelé au 1 et 4 d'azur au château sommé de trois tours d'or, qui est de Castille ; aux 2 et 3 d'azur au croissant d'argent surmonté d'une flamme d'or qui est de Jeannin. »

Pierre de Castille Sr de Blanc-Buisson devint conseiller d'État, contrôleur général, puis intendant des finances et venait d'être nommé ambassadeur en Suisse, lorsqu'il mourut à Avignon, en 1629, à l'âge de quarante-huit ans. [1]

C'est ici qu'il convient de rectifier une erreur contenue dans l'ouvrage de M. l'abbé Baudiau sur *le Morvan*, à savoir que « la châtellenie de Glenne fut engagée par Henri IV à son ministre Pierre Jeannin. » Nous avons suivi les possesseurs de Glenne jusqu'en 1641, et le président Jeannin ne figure pas dans le nombre. Une confusion peut naître de ce que Pierre Jeannin, possesseur de la baronnie de Montjeu depuis 1596, détenait, comme dépendances, les terres de Senavelle, dans la paroisse de Verrière-sous-Glenne, et celles de la Perrière près d'Étang. Or, par un arrêt du 16 janvier 1614, il fut établi que le roi abandonnerait au président Jeannin la châtellenie de la Toison, et qu'en échange, les terres de Senavelle et de la Perrière seraient réunies à la châtellenie royale de Glenne.

Pierre Jeannin de Castille eut huit enfants, quatre fils et quatre filles :

Pierre, l'aîné, était conseiller au parlement de Paris en juin 1631 ; il mourut sans alliances.

Nicolas, le second, était abbé de Saint-Bénigne en 1625 ; il fut ensuite abbé de Saint-Martin d'Autun, de Buxière et de Saint-Marien d'Auxerre. Il mourut le 3 mars 1658.

Nicolas, le troisième, fut le seul fils de Pierre de Castille qui perpétua le nom de son père. Nous le retrouverons

---

1. Il est dit dans *l'Histoire de l'antique cité d'Autun*, par Edme Thomas, p. 226 : « M. de Castille, gendre du président Jeannin, fit fouiller à la base et vers le milieu de sa hauteur la pierre de Couhard, et partout il vit sa curiosité se briser contre une masse solide. »

plus loin. Il fut, à la mort de sa mère Charlotte, en 1640, le tuteur du plus jeune de ses frères, Henry.

Ce dernier, le quatrième fils, prit, en 1654, les titres d'abbé de Saint-Marien d'Auxerre et de Saint-Martin d'Autun qu'avait eus son frère Nicolas ; il y joignit celui de prieur d'Aury et mourut en 1670.

Charlotte de Castille, l'ainée des filles, fut mariée en premières noces, en 1620, à Charles Chabot, comte de Charny, puis à Henri de Talleyrand, comte de Chalais, qui fut exécuté à Nantes, en 1626, après sa fameuse conspiration contre le cardinal de Richelieu.

Enfin, les trois autres filles, Anne, Isabelle et Angélique prirent toutes trois le voile au couvent de Pont-aux-Dames.

Nicolas Jeannin de Castille, le troisième des fils de Pierre, fut nommé conseiller au parlement de Paris, le 1er septembre 1634, et devint maître des requêtes, le 20 mars 1642. Il fut ensuite trésorier de l'épargne et secrétaire des ordres du roi. Héritier de la baronnie de Montjeu, il y fit construire le superbe château qui existe encore, et obtint que la baronnie fût érigée en marquisat, par lettres patentes du 30 mars 1655.

C'est à cette époque que la revente de Glenne fut décidée. Messieurs des comptes, Lefèvre d'Ormesson et de Lezeau, commissaires députés par le roi, procédèrent à l'adjudication, le 23 août 1655, et Nicolas de Castille qui avait en vue l'agrandissement de ses domaines de Montjeu, fut déclaré adjudicataire.

Au reste, le nouvel engagiste paya comptant la somme de 34,036 ll, pour rembourser M. de la Roche-Millay, son prédécesseur, lequel lui en donna quittance, le 19 septembre 1655. Un surplus de 13,200 ll revint au trésor, ainsi qu'il ressort de la quittance donnée par M. de Flandres, le 18 novembre suivant[1]. Nicolas de Castille avait épousé

---

1. Arch. de la Côte-d'Or, C, 2543.

Claude Fieubet, fille de Gaspard Fieubet, Sr de Jaillac, trésorier de l'épargne, et de Claude Aidier. Il en eut un fils, Gaspard, qui fut nommé conseiller au Parlement de Metz, et qui épousa, le 18 juillet 1678, Louise-Diane Dauvet, fille de Nicolas Dauvet, comte des Marets, grand fauconnier de France, et de Christine de Lantaige. C'est vraisemblablement à l'époque de ce mariage que Nicolas de Castille transmit à son fils, *Gaspard de Castille*, le marquisat de Montjeu et la châtellenie de Glenne et de Senavelle, car nous trouvons, quelques années après, le 2 juillet 1685, une procuration passée par-devant Langes et Savalet, notaires à Paris, qui donne tous pouvoirs d'administration à Nicolas de Castille, au nom de Gaspard, marquis de Montjeu et engagiste de Glenne, que son éloignement empêchait de surveiller ses biens de Bourgogne. Nicolas de Castille constitua lui-même un procureur spécial, Me Pierre Camusat, pour dresser un état de la châtellenie, en exécution de l'arrêt du conseil du 19 septembre 1684, signifié le 18 avril 1685. Voici l'état fourni par Camusat :

Ladicte terre consiste en rentes, censes qui montent en argent à 436^ll, 53 boisseaux de froment, 836 boisseaux d'avoine, 113 corvées, 130 poules, et l'estang de Poisson et le moulin à rante 30^ll compris dans ladicte somme cy dessus et 25 boisseaux de seigle, les bois de Migieux, du château de Glenne, du grand et du petit Chassagne, les bois Descondrieux, le petit bois de la Chatrée, les bois de Faulin, les rivières de la Gouleyne, de Verrière, de Saint-Prix, le banc vin [1] pendant le mois d'aoust, les péages à la fonteyne de la Mer à Verrière. Toutes lesquelles choses ont esté affermées jusqu'en 1681 la somme de 1,500^ll, mais, depuis ce temps la, ladicte terre est en recepte n'en ayant donné que 1,200^ll de ferme par an, à cause des bois qu'on a coupés et que l'on coupe de temps en temps. Le

---

1. Le banvin était un droit par lequel le seigneur pouvait vendre tout le vin de son cru avant qu'aucun de ses vassaux pût mettre le sien en vente, mais il devait le vendre dans la maison seigneuriale, non ailleurs. On publiait par le ban à vin le jour où il serait permis aux vassaux de vendre leur vin.

Sr Jeannin jouit encore de la Glandée, évaluée à 40[ll] par an, payée par son père 1,650[ll], le 15 juillet 1651. [1]

Ajoutons que le droit de chasse sur tout le territoire de Glenne appartenait alors à Antoine Roland de Sercey, écuyer, S[r] d'Arconcey et propriétaire du Jeu, de Lavault, etc... [2]

Une mention particulière est due au fief de « Boissenault »[3], dont la famille de Lagoutte était possesseur à la fin du dix-septième siècle. Ce fief avait été acquis par Edme de Gorris, demeurant à Verrière-sous-Glenne, le 1er mars 1622, de damoiselle Charlotte Degand, veuve de Philibert Garnier, écuyer, Sr de Vouchot[4], et de Pierre Garnier, Sr de la Motte-Marcilly. Il consistait alors « en meix, maison, métairie et héritages dépendant de la châtellenie de Glenne. » Le contrat fut passé par Me Chevigny, notaire. Edme de Gorris eut une fille, Charlotte, qui épousa Philibert de la Goutte, marchand à Autun, et lui porta le domaine de Boissenault. C'est donc comme mari de Charlotte de Gorris que Philibert de la Goutte reprit de fief de Boissenault, le 25 mai 1639, et en donna le dénombrement. Lorsque mourut Philibert de la Goutte, en 1664, une assignation fut donnée à sa veuve et à ses héritiers d'avoir à reprendre de fief du domaine, mais un arrêt de la Chambre des comptes les renvoya des fins de l'assignation, le 20 juin 1664, à cause de la reprise fournie antérieurement par le « de cujus ». A la mort de Charlotte de Gorris, le domaine devint la propriété d'Antoine de la Goutte, avocat à Autun, qui en reprit de fief, le 14 janvier 1673 et le 3 décembre 1680. [5]

Tel était l'état de la châtellenie de Glenne et de ses dépendances au moment où Gaspard de Castille, S[r] de

1. Arch. de la Côte-d'Or, C, 2543.
2. Idem, B, 10856.
3. Boisseau, commune de la Grande-Verrière.
4. La Motte-Bouchot, commune d'Écuisses.
5. Arch. de la Côte-d'Or, B, 10822.

Chenoise en prit possession. Ce dernier avait été compris, en 1682, dans la liste des gentilshommes ayant les qualités requises pour entrer en la chambre de la noblesse, suivant le règlement du 18 août 1679. Il mourut le 3 mars 1688, précédant de trois ans son père dans la tombe.

Gaspard laissait une fille, *Marie-Louise-Christine de Castille*, qui devint marquise de Montjeu, sous la tutelle de sa mère Louise Dauvet. Elle présenta, le 30 juillet 1700, un dénombrement du marquisat de Montjeu, de la châtellenie de Glenne et de la baronnie de Dracy-Saint-Loup. Elle s'y déclare émancipée d'âge et procédant de l'autorité de sa mère et curatrice. En ce qui concerne Glenne et Senavelle, Marie de Castille observe qu'elle n'est « qu'engagiste du roi et usufructuaire, déclarant que la reprise du fief qu'elle en a faite et le dénombrement qu'elle en donne, ne pourra luy acquérir aucun titre de propriété n'y faire préjudice. »

Le 2 juillet 1705, Marie de Castille épousa *Anne-Marie-Joseph de Lorraine, prince d'Harcourt et de Guise*. Anne de Lorraine était le second fils [1] d'Alphonse-Henri-Charles de Lorraine, prince d'Harcourt [2], et de Françoise de Brancas. Il était de cette branche des comtes d'Harcourt sortie des ducs d'Elbeuf qui descendaient eux-mêmes, par René de Lorraine, marquis d'Elbeuf, de la branche des ducs d'Aumale. Aussi portait-il comme armoiries « d'or à la bande de gueules, chargée de trois alerions d'argent posés dans le sens de la bande, qui est d'Elbeuf, à la bordure de gueules, chargée de 8 besans d'or. »

Anne de Lorraine, né le 30 avril 1769, hérita des titres de comte d'Harcourt, de Clermont, de Montlaur et de Romaizo,

---

1. L'aîné était mort jeune.

2. Courtépée, t. II, p. 506, nous dit que dans la chapelle des Jeannin, à Autun, se trouve l'épitaphe d'Alphonse-Henri-Charles de Lorraine, prince d'Harcourt, qui acquit beaucoup de gloire à la tête de l'armée vénitienne, au siège de Candie, et qui mourut au château de Saint-Blaise, en 1719. Il vint donc mourir chez son gendre.

de marquis de Maubec, de baron d'Aubenas, de Montbonnet et d'Ayguse, de seigneur de Montpezat, de Mirmande et de Grateloup. Son ambition était de faire revivre le nom des Guise qui s'était éteint avec le dernier des ducs de Guise, François-Joseph de Lorraine, le 16 mars 1675. Il acheta donc des terres en Lorraine auxquelles le duc de Lorraine en ajouta d'autres. Parmi ces terres se trouvait le village d'Arraigne dont le nom fut commué en celui de Guise-sur-Moselle, et le tout fut érigé en comté de Guise, par lettres du duc Léopold du 19 juin 1718. Anne de Lorraine prit ensuite le nom de prince de Guise et d'Harcourt et, pour être au goût de l'époque, mena grand train. Louise Dauvet, la mère de sa femme était morte, le 7 décembre 1717, et le prince, libre de sa belle fortune, y fit coup sur coup d'énormes brèches par une vie de folles dissipations [1]. Marie de Castille, pendant ce temps, habitait son château du faubourg Saint-Blaise, à Autun, où elle s'éteignit le 11 janvier 1736, dans la cinquante-sixième année de son âge. Elle fut ensevelie avec une grande magnificence ; tout le corps de ville assista à ses obsèques, et l'inhumation se fit à la cathédrale.

Anne de Lorraine survécut trois années seulement à sa femme, et lorsqu'il mourut à Paris, le 29 avril 1739, l'état de sa fortune était si fort compromis, que les créanciers firent mettre ses biens en décret. [2]

Il laissait trois enfants : 1° Louis-Marie-Léopold de Lorraine, dit le prince de Guise, mourut à l'armée d'Italie, le 20 juin 1747, sans avoir été marié ; 2° Louise-Henriette-Françoise avait épousé, le 21 mars 1725, Emmanuel-Théodore de la Tour dont elle eut la princesse de Beauveau ; elle mourut à trente ans ; 3° enfin Élisabeth-Sophie avait

1. Un procès-verbal de 1722, relatif au fief de Visigneux et déposé aux archives départementales de Saône-et-Loire, B, 2016, constate que le prince de Guise était, à cette époque, séparé de biens avec sa femme.

2. Les biens en décret, abandonnés pour le paiement des dettes, étaient confiés à l'administration d'un syndic nommé par les créanciers.

épousé, le 7 avril 1734, au château de Montjeu, Louis-François-Armand de Vignerot du Plessis, duc de Richelieu, dont elle eut une postérité qui perpétua le nom de Richelieu. Elle mourut le 2 août 1740.

Nous ignorons si les trois enfants du prince de Guise purent recueillir quelques bribes de sa succession si obérée ; ce qu'on en sait, c'est que la procédure traîna pendant huit années, pour aboutir, en 1747, à l'adjudication par décret de tous les biens de la succession. La châtellenie de Glenne fut adjugée, avec la baronnie de Montjeu et celle de Dracy-Saint-Loup, à *Magdeleine-Catherine Boyvin de Bonnetot*, veuve du chevalier Étienne d'Aligre, second président au parlement de Paris, dont elle était la troisième femme.

Leur fille, Charlotte-Marguerite, ayant épousé Louis-Michel-Robert Le Pelletier de Saint-Fargeau, fit passer dans cette nouvelle famille les biens acquis par sa mère.

Avant de rechercher la manière dont se fit la transmission, donnons un aperçu de ce qu'étaient les Saint-Fargeau.

La famille Le Pelletier était originaire du Mans, et prit son illustration dans la magistrature. Elle avait pour auteurs Pierre Le Pelletier et Jeanne Le Roger, son épouse, qui vivaient en 1508. Michel-Robert Le Pelletier, S^r des Forts, en descendait directement. Il fut tour à tour conseiller au parlement de Metz, conseiller au parlement de Paris, contrôleur général des finances et enfin ministre d'État en 1729. Voici comment il prit le titre de baron de Saint-Fargeau : le comté de Saint-Fargeau, situé dans l'Orléanais, avait été érigé en duché pairie pour la maison de Bourbon-Montpensier, en avril 1575, et donné par Mlle de Montpensier, en 1685, à Antoine Nompar de Caumont, comte, puis duc de Lauzun. Ce dernier vendit son duché à Michel Le Pelletier, mais Saint-Fargeau redevint alors simple baronnie, comme sortie de la ligne de ceux en faveur de qui la première érection en comté avait été faite, en 1542.

Michel-Robert Le Pelletier avait épousé Marie-Madeleine

de Lamoignon, le 14 septembre 1706, et mourut le 11 juillet 1740.

Son fils, Louis-Michel-Robert Le Pelletier de Saint-Fargeau naquit en 1713, fut avocat du roi au Châtelet, en 1732, conseiller au parlement de Paris, le 1er avril 1735, et mourut le 4 février 1739. Il avait épousé, le 21 février 1735, Charlotte-Marguerite, fille d'Étienne d'Aligre et de Madeleine-Catherine Boivin de Bonnetot. Deux enfants leur étaient nés, Michel-Étienne, le 10 mars 1736, et Madeleine-Charlotte qui fut mariée, en 1754, à Thomas-Alexandre-Marc d'Alsace-Hénin-Liétard, prince de Chimay.

Michel-Étienne Le Pelletier de Saint-Fargeau fut d'abord avocat du roi au Châtelet, en 1754, puis avocat général au parlement de Paris, le 6 septembre 1757, et président à mortier, le 23 août 1764. Il épousa, le 10 février 1755, Louise-Suzanne Le Pelletier de Beaupré qui mourut à vingt-huit ans, le 20 février 1762. Le 26 décembre 1764, il contracta un nouveau mariage avec N..... Randon, fille d'Élie Randon de Marsanne, secrétaire du roi et receveur général des finances. Michel-Étienne était d'un caractère très indépendant et se fit remarquer par son énergique opposition aux projets de Maupeou. « Faites tomber la tête du président de Saint-Fargeau, disait ce ministre à Louis XV, et je réponds du reste. »

Nous avons vu que le père de Michel-Étienne était mort prématurément, le 4 février 1739. C'est ce qui décida Mme Boyvin de Bonnetot à faire un testament par lequel elle transmettait Montjeu, Glenne, Dracy et dépendances à son petit-fils Michel-Étienne, à charge de substitution graduelle et perpétuelle à tous ses enfants, et à charge d'usufruit envers dame Charlotte-Marguerite d'Aligre, sa mère[1]. Cette dernière était encore usufruitière en 1767[2], et paraît

1. Arch. de la Côte-d'Or, B, 11089.
2. Arch. de Saône-et-Loire, B, 2037.

l'avoir été jusqu'en 1776, date de la reprise de fief de Montjeu. Mais, dès avant cette époque, Michel-Étienne était le véritable engagiste de¡ Glenne, et Courtépée le reconnaît comme tel. [1]

Ses armes étaient : « d'azur à la croix pattée d'argent, chargée en cœur d'un chevron de gueules; sur la traverse, deux molettes d'éperon de sable, et en pointe, au-dessous du chevron, une rose de gueules boutonnée d'or. »

Michel-Étienne Le Pelletier de Saint-Fargeau avait eu deux fils, l'un né le 29 mai 1760 et l'autre en 1769. L'aîné *Louis-Michel Le Pelletier de Saint-Fargeau* nous occupera seul, car il fut certainement, bien qu'aucun titre n'en fasse foi, engagiste de Glenne après la mort de son père. Il débuta, comme ses ancêtres, dans les fonctions d'avocat au Châtelet, le 12 juin 1777. Deux années plus tard, Michel-Étienne étant mort, le roi réserva à son fils la charge de président à mortier au parlement de Paris; ce dont Louis-Michel fit ses remerciements, le 11 janvier 1779. Il s'adonna dès lors aux études historiques et se forma une magnifique bibliothèque. Il était, quand la Révolution éclata, riche à 600,000[ll] de rentes.

Élu député de la noblesse aux États généraux, il ne se réunit aux députés du Tiers que le 27 juin, puis, il passa subitement au parti le plus avancé et fit partie de la Convention. Nous savons comment il entraîna les hésitants par l'énergie menaçante avec laquelle il vota la mort du roi; nous savons aussi comment, le soir même du vote, il fut tué d'un coup de sabre par l'ancien garde du corps Pâris, au restaurant Février, dans le Palais Royal. La Convention lui décerna les honneurs du Panthéon et adopta sa fille âgée de huit ans. Mais ici finit la châtellenie de Glenne, car les domaines engagés revinrent tous à l'État, en 1790, d'autant plus que Saint-Fargeau n'avait pas attendu le décret du

1. Courtépée, t. II, p. 573.

4 août pour renoncer à ses titres de noblesse et à ses droits seigneuriaux.

Poussa-t-il le désintéressement civique jusqu'à délaisser à l'État son prix d'engagement? C'est ce que nous ne saurions dire.

Glenne eut, à partir de la Révolution, le sort de tous les biens nationaux. Son morcellement ne permet plus de deviner l'ancienne châtellenie dans la division des territoires, pas plus que les débris de murailles enfouis dans les bois ne donnent une idée de ce que fut l'ancien château. Les documents écrits sont plus fidèles, et c'est grâce à eux seulement que nous avons pu suivre, à travers les âges, les vicissitudes de la châtellenie de Glenne.

Liste chronologique des Seigneurs,
Châtelains, Receveurs et Engagistes de la Châtellenie de Glenne.

L'Évêché d'Autun à l'origine.

Ponce de Glenne, seigneur en 1076.
Théobald de Glenne, seigneur en 1098.
Gauthier de Glenne, seigneur en 1112.
Renaud et Ponce de Glenne, seigneurs en 1178.
Alix de Glenne, dame en 1233.
Eudes de Chatillon, seigneur en 1239.
Stéphane de Neublanc et Jehan de Cuiseaux, seigneurs en 1253.
Jehan de Chatillon, seigneur en 1260.

Une moitié à :	L'autre moitié à :
Jehan, Henri et Hugues de Cha-tillon, seigneurs en 1289.	Gibault de Saint-Varain, seigneur en 1289.
Robert II, puis les ducs de Bour-gogne jusqu'en 1347.	Jehan de Saint-Varain, seigneur en 1294.
	Hugues, évêque d'Autun, puis l'évêché d'Autun de 1294 à 1347.

Administration des Ducs de Bourgogne sur toute la Châtellenie,
à partir de 1347.

Jehan Pourchet, châtelain, de 1347 à 1350.

Girard du Mex, châtelain, de 1350 à 1353.

Guy de Marigny, châtelain, de 1353 à 1364.

Jehan Champdehot, châtelain, de 1364 à 1366.

Philippe Boisserant, châtelain, de 1366 à 1371.

Guillemin Doret, châtelain, de 1391 à 1408.

Regnault de Thoisy, châtelain bénéficiaire, de 1408 à 1449.

Pierre Ballard, receveur, de 1440 à 1452.

Geoffroy de Thoisy, châtelain bénéficiaire, de 1449 à 1457.

Jehan de Maizière, receveur, de 1452 à 1462.

Jehan Cotin, châtelain bénéficiaire, de 1457 à 1473.

Pierre Balard, receveur, de 1462 à 1469.

Guillaume Charvot, receveur, de 1469 à 1473.

Jean Garnier, châtelain et receveur, de 1473 à 1502.

Les Rois de France.

Jean Blosset, seigneur bénéficiaire, de 1477 à 1482.

Jean Coste, châtelain receveur en 1502.

Olivier Anthouard, châtelain receveur en 1521.

Guillaume Pupelin, châtelain receveur en 1536.

Le Chapitre de la Cathédrale d'Autun, engagiste de 1548 à 1595.

Guy Blondeau, engagiste, de 1595 à 1611.

Nicolas de Chèvremont, engagiste, de 1611 à 1622.

René de Rousselet, engagiste, de 1622 à 1643.

René de Rousselet (fils du précédent), engagiste, de 1643 à 1655.

Nicolas Jeannin de Castille, engagiste, de 1655 à 1678.

Gaspard Jeannin de Castille, engagiste, de 1678 à 1688.

Marie-Louise-Christine de Castille, engagiste, de 1688 à 1705.

Anne-Marie-Joseph de Lorraine, engagiste, de 1705 à 1739.

Mise en décret de la châtellenie, de 1739 à 1748.

Magdeleine Boyvin de Bonnetot, engagiste, de 1748 à ?

Michel Le Pelletier de Saint-Fargeau, engagiste, de ? à 1778.

Louis-Michel Le Pelletier de St-Fargeau, engagiste, de 1778 à 1790.

Vente des biens nationaux à partir de 1790.

GÉNÉALOGIE DE LA FAMILLE JEANNIN DE CASTILLE

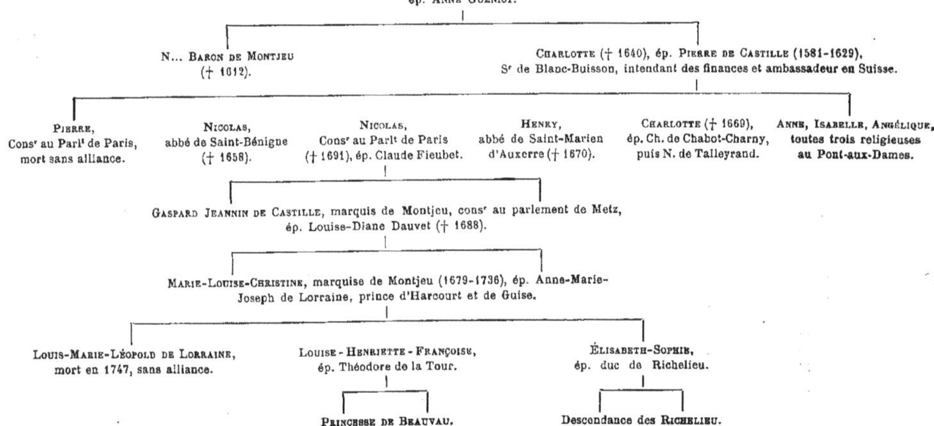

APPENDICE

SEIGNEURIE DE VAUTHEAU

Au milieu de la châtellenie de Glenne se trouvait enclavée une importante seigneurie, celle de Vauthot qui s'écrivit tour à tour Vautouot, Vautouhot, Vaultovot, Vautevost, Vauteau et Vautheau dont on fit Vauthot. Édme Thomas[1] fait remonter son origine à la plus haute antiquité, tirant l'étymologie de Vauteau ou Vautevost de *Vallis Teutates*, val de Teutatès principale divinité des Gaulois. Cette hypothèse paraît aujourd'hui bien audacieuse; mentionnons-la sans nous y arrêter, et reportons-nous à des titres historiques plus certains. « A son entrée dans les montagnes, dit M. Bulliot, dans son *Essai sur le système défensif des Romains*, la voie romaine rencontrait, près d'une villa romaine où des fouilles intéressantes ont été commencées, le castellum de Vautheau dont la tour pittoresque est encore enfermée dans un vallum antique et dont les décombres n'ont pas enseveli toutes les tuiles à rebords. »

Si nous passons au moyen âge, nous remarquons avec l'abbé Baudiau que, dès le onzième siècle, il existait à Vautheau une chapelle seigneuriale pour laquelle il était dû une rente de cinq sous à l'Église d'Autun ; mais les noms des premiers seigneurs sont inconnus. C'est aux nécrologes des églises d'Autun que nous trouvons les plus anciens. *Guy, sire de Vautheau* fut inhumé, vers l'an 1200, à Saint-Martin d'Autun où il avait fondé son anniversaire. Plusieurs de ses enfants nous sont connus. L'un d'eux, Hugues,

---

1. *Hist. de l'antique cité d'Autun*, p. 360.

devait au chapitre une rente de cinq sous, probablement celle dont il est parlé plus haut. L'évêque d'Autun la paya pour lui, en 1209, parce qu'il combattait alors au delà des mers : « in partibus transmarinis. »

Un autre, du nom d'Étienne, fut moine de Saint-Martin. Un troisième, nommé Guy, figura, comme chanoine d'Autun, dans une donation datée du mois de mars 1242 [1]. Une fille épousa Guillaume Bruleborde. Enfin, l'aîné, que nous avons réservé, nous arrêtera quelque peu. Il se nommait Guillaume, avait le titre de chevalier et prit le nom de Sr de Vautheau.

Guillaume de Vautheau avait épousé Elisabeth de Corrabeuf. Il en eut deux fils, Jean et Guillaume et une fille Marguerite. Le testament du sire de Vautheau, en date de mars 1253, est rapporté dans le tome Ier, p. 176 du *Cartulaire de l'Église d'Autun*. Il nous apprend que Guillaume choisit sa sépulture à l'église Saint-Lazare d'Autun, tout en y fondant un anniversaire à raison d'une redevance de cent sous dijonnais. Il donne son meilleur cheval pour l'édification d'un autel neuf à la même église. Il stipule, en outre, que sa fille Marguerite aura en héritage 60^{ll} de terre et revenu annuel pour la marier. Parmi ses exécuteurs testamentaires figure Guy de Vautheau, son frère, chanoine d'Autun, qui mourut le troisième jour des nones de juin suivant, en faisant divers legs à l'église Saint-Lazare.

Un dénombrement du vendredi, 12 juin 1262, cite Vautheau parmi les fiefs mouvant de Glenne. « Item dominus de Vautouello est homo domini de Glane, et domus de Vautouello jurabilis et reddibilis. » Cela nous prouve que la maison forte existait à cette époque et vraisemblablement depuis l'origine de la seigneurie.

Au reste, les seigneurs de Vautheau laissent peu de traces durant toute cette période. Nous voyons cependant

---

1. *Cartul. de l'Égl. d'Autun*, par A. de Charmasse, t. I, p. 163.

figurer, en 1282, le nom de Guillaume de Vaultouot, avec la qualité de chanoine d'Autun, dans les dépositions des cent vingt-sept témoins cités en faveur des droits et privilèges de l'Église d'Autun contre les prétentions de Robert II, duc de Bourgogne. [1]

En 1327, *Guy*, fils de *Jean de Voltouot*, ratifie les fondations de 1322. Puis, la seigneurie fut partagée en trois. Une des filles de Guy porta son héritage à *Guyot de Cissey*, écuyer, qu'elle épousa. Guyot s'empressa de vendre cette part au duc de Bourgogne et toucha, de ce fait, un acompte en 1372. [2]

Mais le duc convoitait la totalité de la seigneurie, et voici comment il trouva bientôt l'occasion de réaliser ses désirs :

Girard de Vautouhot, fils de Guy, avait eu en héritage, suivant la coutume de Bourgogne, l'une des trois parties de la seigneurie paternelle. Il épousa Marguerite de Chatellenot, déjà veuve de Guillaume de Vellerot, écuyer, et mourut vers 1370. Marguerite de Châtellenot avait eu, de son premier mari, deux fils dont l'un, Simon de Vellerot, fut accusé, en 1372, de nombreux crimes et forfaitures sur la nature desquels on n'est pas fixé.

Le duc de Bourgogne vit, en cette circonstance, l'occasion cherchée, et proposa de pardonner à Simon de Vellerot, à la condition que la mère de ce dernier ferait abandon au domaine ducal de sa tierce partie de Vautouhot, à l'exception de l'étang, sous peine de mille francs d'or en cas de dédite.

D'ailleurs, le duc consentait à laisser à *Marguerite de Châtellenot*, sa vie durant, l'usufruit de sa part d'héritage. Marguerite accepta le marché « ou cas toutefois, stipula-t-elle, qu'il ploise à mondit S[r] de pardonner, quittier et

---

1. *Cartul. de l'Égl. d'Autun*, t. I, p. 243.
2. Arch. de la Côte-d'Or, B, 4829.

remettre à frère Symon de Vellerot, fil de feu Guillaume de Vellerot, escuier, jadis mon mari, procréez du dict feu Guillaume en moy ladicte Marguerite, les crimes et autres fourfaictures quelconques à luy imposées et mises en avant par les gens et officiers de mondict seigneur, et que l'on li pourroit imposer et mettre avant en quelque manière que ce soit, tant pour ledit Symon, confesseez comme non confesseez. Je promets à la payne que dessus faire et accomplir toutes et quantes fois que la grace et remission me seront appourtées ensemble lettres scellées du scel de mondict S^r. » [1]

Marguerite de Châtellenot mourut deux années après, laissant au *duc de Bourgogne* sa part de Vautouhot. Déjà, deux tiers appartenaient donc au domaine ducal. « Le reste, nous dit un compte de 1375, fut renoncié au duc pour ceulx à qui il estoit. » [2]

Possesseur de la totalité de Vautheau, le duc de Bourgogne fit aussitôt réparer la maison forte.

« On recouvrit d'assaules la tour estant sur la porte du dongeon dudit fort, laquelle estoit découverte, item la petite tour. On répara le carrelage de la grant saule pour mettre les blés de monseigneur. » Puis, un marché fut passé avec *Jehan de Tronchois* qui, moyennant un franc par mois de gages, s'obligea de garder le fort de Vautouhot, à partir de la Saint-Martin de l'année 1375, jusqu'à la Saint-Martin suivante. Ce marché paraît avoir été contesté par la Chambre des comptes qui en ordonna la radiation. [3]

Cependant, le duc de Bourgogne se trouvait, à cause de sa nouvelle seigneurie, dans une singulière situation. De tout temps les seigneurs de Vauteau avaient rendu foi et hommage aux sires de la Roche-Millay, et comme Isabelle de Bourbon, dame de la Roche-Millay, avait épousé Guy de Mello, chevalier et chambellan ducal, il en résultait que le

1. Arch. de la Côte-d'Or, B, 490.
2. Idem, B, 4830.
3. Idem, B, 4830.

duc devait foi et hommage à son propre chambellan, en raison de la maison forte de Vautheau et de 40ᵘ de rente en dépendant.

Pour se décharger de cette obligation le duc Philippe imagina de récompenser les services de *Jehan de Pouquières*, écuyer, autrement dit le Borne de Pouquières, son panetier, en lui cédant à perpétuité, par lettres patentes du 10 décembre 1387, la maison forte de Vautheau avec ses dépendances, jusqu'à concurrence de 40ᶠ de rente. Guyot-Éris Jonneaul, écuyer, vint prendre possession de la seigneurie, au nom et comme procureur spécial du sire de Pouquières. [1]

Le fils de Jehan de Pouquières, *Pierre*, chevalier, Sʳ de Belabre, épousa Marguerite de Ternant dont il eut une fille, Catherine. Mariée à *Jacques de Choiseul de Traves*, le 27 août 1456, cette dernière lui porta une partie de la seigneurie de Vautheau. Jacques de Choiseul de Traves, Sʳ de la Porcheresse, damoiseau, descendait de Robert de Choiseul, fils puîné de Raynard, 3ᵉ sire de Choiseul, et d'Alix de Dreux. Robert avait épousé en 1247 Isabelle de Rougemont. Ayant eu la seigneurie de Traves il en transmit le nom à ses descendants qui retinrent, suivant l'usage, les armes pleines de Choiseul.

Une autre part de Vautheau était échue à Claudine de Traves, sœur de Jacques, mariée, le 9 septembre 1451 à *Aimé de Rabutin*, sire d'Espiry et de Balore, et bailli de Charollais. Nous verrons comment cette seconde part revint plus tard à la maison de Traves qui conserva la seigneurie jusqu'au dix-huitième siècle.

Claude de Choiseul de Traves, fils de Jacques, prit, après son père, le nom de Sʳ de Vautheau. Il vivait en 1526, avec sa femme Isabeau Hugonet de Saillans, nièce du cardinal Philibert Hugonet. Le fils de Claude, *Jacques*, Sʳ *de Vautheau*,

---

1. Arch. de la Côte-d'Or, B, 10553.

de la Porcheresse, de Vernay, de Saint-Léger-sur-Dheune, épousa, vers 1535 Claudine de Saint-Léger-sur-Dheune, fille d'Érard, baron de Reuilly, et d'Agnès de Rye. Jacques de Choiseul venait alors de racheter à Christophe de Rabutin la part de Vautheau qui était échue à sa grand'-tante Claudine de Traves, et en reprit de fief le 14 mai 1535.[1] La reprise reconnaît que Vautheau est mouvant de Rivaut. Hanté par les idées nouvelles, le sire de Vautheau embrassa bientôt la religion réformée et compta parmi les Huguenots les plus exaltés. Il tenait, dit l'abbé Baudiau, un prêche dans son château où se réunissaient jusqu'à sept cents gentils-hommes et damoiselles. Il parcourait la campagne avec une troupe de soldats calvinistes, pillant et dévastant les églises. Jean de Traves qui, d'après le même auteur, captura, en 1545, Antoine Erlaud, évêque de Chalon et con-fesseur de Catherine de Médicis, ne paraît avoir aucun rapport de parenté avec le seigneur de Vautheau.

Celse de Choiseul de Traves, fils de Jacques, hérita de son père les seigneuries de Vautheau, Châtel-Moron, Saint-Léger-sur-Dheune et quelques autres. Il épousa, le 17 mai 1555, Françoise des Aubuys, dont il eut un fils, *Jean*, qui devint, à la mort de Celse, seigneur de Vautheau. Jean de Choiseul prit une part active aux opérations militaires de Henri IV contre les Espagnols. Ceux-ci s'étant emparés d'Amiens, il fallut, pour reprendre la ville, en 1596, faire un siège de six mois, durant lequel le sire de Vautheau se fit remarquer par sa brillante conduite. Ses services excep-tionnels le firent exempter, dans la suite, des contributions de ban et d'arrière-ban. Il mourut en 1602, laissant plu-sieurs enfants, parmi lesquels *Pierre de Choiseul* fut sei-gneur de Vautheau.

Pierre de Choiseul-Traves épousa, le 4 juin 1627, Phi-liberte de Tenarre, veuve de Claude de Reclesne. Le

---

1. Arch. de la Côte-d'Or, B, 10610.

19 avril 1630, il acquit de son frère Adrien le cinq sixième
des deux tiers de la seigneurie de Vautheau, pour 18,300 lt,
par contrat reçu Claude de Brosse, notaire à Charolles.
Il en reprit de fief le 9 décembre suivant[1]. Un tiers de Vautheau appartenait encore à sa sœur Louise qui le rapporta
dans la suite au fils aîné de son frère. Ce fils aîné, *Adrien*,
*S*r *de Vautheau*, de la Vesvre et de Blanzy, assista, comme
premier baron de l'Autunois, à l'entrée solennelle de l'évêque
Gabriel de Roquette à Autun, en 1653. Treize ans plus
tard, il fut élu de la noblesse aux États de Bourgogne, et
reprit de fief de la terre de Vautheau, le 17 décembre 1666,
pour lui et comme procureur spécial de dame Anne de
Choiseul-Traves, femme de François de Popillon, chevalier,
S*r* et baron de Ryau, et de Léonard et Nicolas de Choiseul-
Traves, ses frères et sœur. La reprise de fief mentionne que
Adrien de Choiseul avait été déclaré seul possesseur d'un
tiers de la seigneurie qui lui était advenu comme héritier
testamentaire de dame Louise de Traves-Choiseul, sa tante.[2]

Adrien mourut peu après, car le 26 novembre 1668,
Jean-Éléonor de Choiseul-Traves, écuyer, son frère puiné,
reprit de fief de Vautheau pour le quart des deux tiers de
Vautheau, pour lui, pour François de Popillon et comme
tuteur de Nicolas de Traves. Il est dit que les héritages
présentés leur sont échus en tant qu'héritiers de feu Adrien
de Choiseul-Traves ; mais il est aussi stipulé que le tiers de
la seigneurie légué au défunt par dame Louise de Choiseul-Traves, sa tante, passe par substitution à Jean-Éléonor,
comme aîné de la famille. Ce dernier, le 30 septembre 1669,
épousa Claude Cochard, fille de noble François, écuyer,
S*r* de Chitry, et de Marie Verdier. Il fut élu député de la
noblesse du Charollais vers l'intendant de Bourgogne, par
acte du 9 janvier 1682.

1. Arch. de la Côte-d'Or, B, 10728.
2. Idem, B, 10801.

La vie d'Éléonor de Choiseul paraît avoir été fortement agitée, car sa femme, Claude Cochard, fut obligée de réclamer la séparation de biens. Le 8 juillet 1682, elle reprit de fief de la seigneurie de Vautheau qui, par des considérations de famille, avait été mise en décret en la chancellerie d'Autun sur le Sr de Traves, par dame Marie Verdier, mère de Claude Cochard. Celle-ci, subrogée aux lieu et place de sa mère, devint adjudicataire en la chancellerie, le 16 février 1682, pour 70,000ll.

François-Éléonor de Choiseul-Traves, fils de Jean-Éléonor, était né le 2 mars 1673, et avait été baptisé le 22 mai suivant, dans la paroisse de la Celle, au diocèse d'Autun. Il fut reçu page du roi en sa petite Écurie, au mois d'avril 1690 ; puis il devint capitaine de cavalerie au régiment de Tourneforte, et reçut le titre de comte de Choiseul-Vautheau. Une reprise de fief du 13 juin 1698 nous apprend qu'il était alors tuteur de damoiselles Nicole-Marguerite de Choiseul de Traves et Marie-Claude de Choiseul de Traves, ses sœurs, et qu'ils étaient tous trois héritiers de Claude Cochard, leur mère décédée. François de Choiseul épousa, le 11 février 1699, Marie-Louise, sœur du maréchal de Villars. Aussi, lors de la victoire de Fridlingue à laquelle il assista, le 14 octobre 1702, François fut dépêché par son beau-frère pour en porter la nouvelle à la cour. Il y arriva le 17 octobre. Le roi, pour lui témoigner sa satisfaction, donna au comte de Vautheau le régiment de cavalerie du chevalier de Sève qui avait trouvé la mort à Fridlingue. François de Choiseul fut créé brigadier du roi, le 29 janvier 1709[1]. Mais la paix survint et le régiment de Choiseul fut licencié en 1714. Le comte de Vautheau reçut alors un brevet de maître de camp et mourut en 1718.

---

1. Les brigadiers étaient subordonnés aux lieutenants généraux et aux maréchaux de camp. Leur grade répondait à peu près à celui des adjudants généraux qui exista durant les guerres de la Révolution et de l'Empire. Il était l'intermédiaire entre ceux de colonel et de général de brigade.

Sa fille unique, *Marie-Sophie-Éléonor de Choiseul-Traves*, hérita de Vautheau. Elle épousa, en janvier 1726, Charles-Joseph, marquis d'Andigné, comte de Vesins, lieutenant du roi en Saumurois.

C'est à cette époque que Vautheau, depuis si longtemps dans la famille de Choiseul-Traves, changea de possesseurs. Marie-Sophie de Choiseul et sa mère Marie-Louise de Villars en consentirent la vente à *Pierre-Hugues de Maizière*, écuyer, receveur des décimes au diocèse d'Autun, qui fit un dénombrement de la seigneurie, le 7 septembre 1728. [1]

Pierre de Maizière mourut, laissant un testament olographe daté du 9 novembre 1736, par lequel il instituait comme usufruitière de tous ses biens dame Reine Cortelot, son épouse, et comme héritières universelles par égale portion Reine et Anne ses deux filles. La première épousa *Antoine Pernot d'Escrots*, président de la Chambre des comptes à Dijon, et la seconde Marc-Antoine Chartraire, comte de Montigny. Les deux beaux-frères reprirent de fief de Vautheau le 15 janvier 1739 [2], mais la seigneurie paraît s'être concentrée dans la suite aux mains du président d'Escrots. Une des filles de ce dernier épousa Charles d'Island, capitaine au régiment de Nice, et la seconde fut mariée à *Richard de Montaugey*, capitaine au régiment de Poitou.

C'est par l'intermédiaire de la fille de ce dernier, mariée au *comte d'Esterno*, que Vautheau passa dans la famille d'Esterno. Le comte *Ferdinand d'Esterno*, issu de ce mariage, épousa Mlle de Sainte-Aulaire dont il eut trois enfants ; et c'est par son union avec la fille du comte Ferdinand, que le *comte de Chabot* devint propriétaire de Vautheau qu'il possède aujourd'hui.

De l'ancien château il reste encore des ruines intéressantes, une sorte de donjon à grand comble, flanqué d'une

1. Arch. de la Côte-d'Or, B, 10979.
2. Idem, B, 11003.

tourelle au « bonnet » pyramidal. Le tout enveloppé d'un ample manteau de lierre se reflète, comme un décor de l'école romantique, dans les eaux dormantes du petit étang voisin. On peut dire de Vautheau : « Petit d'importance, mais grand d'ancienneté. »

Liste des Seigneurs de Vautheau.

Guy, sire de Vautheau, 1200.
Guillaume de Vautheau, 1253.
Jehan de Vaultouot, 1322.
Guy de Vaultouot, 1327.
Girard de Vautouhot, 1370.
Guyot de Cissey, 1370.
Marguerite de Châtellenot, 1370.
Le duc de Bourgogne, 1374.
Jehan de Tronchois (gouverneur), 1375.
Jehan de Pouquières, 1387.
Pierre de Pouquières, vers 1400.
Aimé de Rabutin, 1451.
Jacques de Choiseul de Traves, 1456.
Claude de Choiseul de Traves, 1526.
Jacques de Choiseul de Traves, 1535.
Celse de Choiseul de Traves, 1555.
Jean de Choiseul de Traves, 1596.
Pierre de Choiseul de Traves, 1602.
Adrien de Choiseul de Traves, 1653.
Jean-Éléonor de Choiseul de Traves, 1668.
François-Éléonor de Choiseul de Traves, 1690.
Marie-Sophie-Éléonor de Choiseul de Traves, 1726.
Pierre-Hugues de Maizière, 1728.
Antoine Pernot d'Escrots, 1739.
Richard de Montaugey.
Comte d'Esterno.
Comte Ferdinand d'Esterno.
Comte de Chabot.

LA

CHATELLENIE DE LA TOISON

—◆◄—

Séduits par la beauté majestueuse des forêts de Montjeu, impressionnés par le mystère de leurs ombres, les étymologistes-poètes découvrent, dans le nom de Montjeu (*Mons Jovis*), un souvenir des rites gallo-romains. Dans ces grands bois s'accomplissaient, disent-ils, les sacrifices humains qui, par un mélange bizarre du culte druidique avec le paganisme romain, finirent par s'adresser à Jupiter, après avoir fléchi la colère de Belen ou de Tarann.

Certes, l'imagination a beau jeu dans cette nature agreste où se dressent, à travers les rares éclaircies de la forêt, des roches granitiques entourées de ronces, de bruyères, de fougères et de myrtilles.

Trois étangs, alimentés par des sources intarissables, et créés dans le but de fournir une eau abondante et pure aux habitants d'Augustodunum, étalent toujours, dans leurs cadres de verdure, leurs nappes transparentes où les chevreuils continuent à se mirer comme au temps de l'occupation romaine.

Tout cela est un régal pour les yeux, un apaisement pour l'âme. Mais, quelle incomparable douceur y trouve le « curieux d'histoire », comme on disait jadis, en évoquant l'époque où ce mystérieux plateau composait la châtellenie de la Toison!

E. F.

8

C'était la période du moyen âge, celle où la civilisation semblait hésiter et chercher sa voie. La Toison paraissait ignorée du monde et l'on eût pu croire que l'homme avait délaissé aux animaux sauvages ces vastes solitudes, si un modeste manoir, simple *harbergamentum*, gîte ou rendez-vous de chasse à l'origine, ne s'était élevé au milieu de quelques terres en culture, sur les bords de l'étang principal. La modeste couverture d'essaules, qui coiffait le château de façon pittoresque, complétait son harmonie grisonnante, en le faisant s'estomper sur le miroir des eaux.

Aujourd'hui, ce témoin silencieux des villégiatures et des chasses ducales n'existe plus. Seules quelques pierrailles émergeant des ronces révèlent encore l'emplacement des constructions disparues.

C'est, en somme, un souvenir que j'essaierai de faire revivre à l'aide des rares documents extraits de nos archives.

La châtellenie de la Toison trouve naturellement sa place à côté de la châtellenie de Glenne, puisque, pendant près de deux siècles, la comptabilité de son receveur fut jointe à la comptabilité de Glenne. Ce fut, d'ailleurs, une châtellenie de rapport, simple domaine ducal sans grande importance stratégique.

Je dois avouer qu'au point de vue étymologique, cette dénomination de « la Toison » demeure, à mes yeux, jusqu'alors inexpliquée. C'est, du reste, bien gratuitement que l'auteur du *Voyage pittoresque en Bourgogne*, y découvre un souvenir des Argonautes et de l'expédition de Jason. L'ouvrage date de 1833, ne l'oublions pas, et l'École romantique mêlait trop aisément la poésie à l'histoire. Que Philippe le Bon se soit inspiré d'un souvenir mythologique pour instituer l'ordre de la Toison d'Or, cela n'a rien d'étonnant au quinzième siècle, où la cour de Bourgogne se piquait de culture littéraire et de galanterie ; mais songeons que, dès le milieu du treizième siècle, la châtellenie de « la Toison » existait déjà, et qu'à cette époque on se préoccupait peu, dans l'Autunois, du trésor de la Colchide.

Peu sérieuse encore cette opinion qui voit, dans la configuration du grand étang la forme d'une toison déployée. Avouons simplement que l'étymologie nous échappe, à moins qu'elle ne provienne du nom ou du caprice d'un des premiers possesseurs du domaine.

La Toison comprenait autrefois, sans doute, toute la région située entre Autun et la vallée du Mesvrin, mais, selon toute probabilité encore, le fief de Montjeu en fut distrait par les ducs de Bourgogne, à une époque indéterminée.

Dès lors, la Toison se borne aux terres voisines d'Autun et de Montjeu. Le terrier de 1613 nous en donnera la délimitation par le détail. Seuls, les étangs conservent aujourd'hui le nom et le souvenir de la Toison, en nous permettant d'entrevoir ce qu'elle fut à l'époque gallo-romaine. Les découvertes archéologiques ont prouvé que le vaste réservoir de la Toison fut établi jadis par les Romains, au milieu des bois de Montjeu, pour approvisionner d'eau Augustodunum, et même, selon Courtépée, pour alimenter ses naumachies. De ce fait, on tire une conséquence, c'est que ce territoire, étant à l'origine une propriété publique, entra comme telle dans le domaine ducal[1]. Une pièce de l'année 1270 constate, au treizième siècle, l'existence de ce domaine. C'est une lettre datée du mois de janvier, par laquelle Hugues IV, l'année même de sa mort, accorde certains privilèges et franchises aux habitants de la Toison. Cette lettre scellée du grand sceau de cire blanche aux armes ducales, fut remise aux habitants qui la conservèrent précieusement.

Eudes IV, en 1325, leur octroya confirmation de leurs privilèges par une lettre munie du petit sceau de cire

---

1. Introd. au *Cartulaire de l'Eglise d'Autun*, par A. de Charmasse, 3ᵉ partie, p. LXVII.

rouge aux armes du duché. La confirmation avec la lettre originale furent présentées, en 1613, par Girard Descloix, Jehan Choppin, Martin Girard Desblanchot, tous habitant la Toison, lors de la rédaction du terrier par Jacques Venot. Ils prièrent ce dernier d'insérer la teneur des deux actes sur son registre, afin qu'il en restât un double si les guerres ou l'incendie détruisaient les originaux.

Voici le texte de la copie faite par Jean Venot :

Nous Eudes duc de Bourgongne faisons sçavoir à tous que nous avons veu une lettre scellée du scel de bonne mémoire Hugues jadis duc de Bourgongne nostre prédécesseur contenant la forme qui sensuit :

Nos Hugo dux Burgundie universis presentes litteras inspecturis notum facimus quod nos dedimus et concessimus in perpetuum talem franchisiam hominibus de harbergamento de *la Toyson* ; quod ipsi homines sunt et erunt liberi et immunes ab omnibus tailliis et corveis in hunc modum ; quod quilibet ipsorum hominum nobis vel mandato nostro persolvet annuatim duodecim solidos divionensium die dominica post festum beati Martini hyemalis ; pro dictis duodecim solidis ipsi homines sunt et erunt in perpetuum immunes et etiam absoluti de nostro pedagio et de nostra venta eduensi ; dedimus etiam et concessimus eisdem hominibus in perpetuum usagium in nostris nemoribus de *Plenoise* [1] ad calefaciendum et ad edificandas domos, sine vendere et donare, et usagium ad porcos ipsorum hominum prout habent homines *Porchiasse* [2]. Item dedimus et concessimus eisdem hominibus in perpetuum pasturagium animalium eorumdem et pasnagium porcorum suorum in hunc modum : videlicet, quod ipsi homines nobis vel mandato nostro persolvent annuatim de quolibet porco super annato duos denarios, et de parvo porco unum denarium, et quod tam cito aliqui porci intrabunt in nemora nostra de *Plenoise*, predicti porci ipsorum hominum similiter intrabunt nemora supradicta. Si vero contigerit, quod absit, aliquis de dictis hominibus ab altero ipsorum hominum nobis vel mandato nostro sic conquestionem faceret vel clamorem, ipse erit

---

1. La forêt de Planoise existe encore dans la commune d'Antully.

2. La Porcheresse, commune d'Auxy. Cette charte rappelle en effet celle que le même duc avait accordée aux habitants de la Porcheresse, en 1231. V. *Mémoires de la Société Éduenne*, t. XXIV, p. 41.

de emenda duodecim denariorum duntaxat immunis, nisi sanguis intervenerit aut crimen corporis vel delictum. Dicti autem homines semper erunt de ducatu Burgundie ac etiam remanebunt. Hec autem omnia et singula superdicta promittimus bona fide in perpetuum firmiter et inviolabiliter observare. Et ad hoc heredes nostros specialiter obligamus, et ut hoc factum firmum et stabile permaneat, presentes litteras sigillo nostro predictis hominibus tradidimus sigillatas. Datum et actum anno Domini M° ducentesimo septuagesimo, mense jenuarii. [1]

Ce document isolé du treizième siècle suffit à marquer l'état de dépendance du territoire de la Toison. C'était bien un domaine ducal pourvu déjà, sans doute, de cette maison forte dont les ruines se retrouvent encore près des étangs ; lieu de chasse, peut-être, ou de plaisance, que les ducs ne refusaient pas de mettre à la disposition de l'évêque d'Autun avant les malencontreux démêlés qui survinrent à propos de Glenne. C'est ainsi que l'évêque Hugues d'Arcy, malade et impotent, fit à la Toison, le jeudi 25 septembre 1298, un codicille à son testament. [2]

La plupart des domaines ducaux, nous le savons, ne laissèrent aucune trace de leur administration avant le milieu du quatorzième siècle ; et c'est en 1348 seulement que les recettes de la Toison sont, pour la première fois, portées, d'une façon très sommaire, au registre de Huguenin Porchot, châtelain de Grôme, Montcenis, Roussillon, Glenne et la Toison.

Les habitants de la Toison payaient alors, pour six mois, au terme du dimanche après la Saint-Martin, 30 l. 6 s. de cens ; ceux de Montcenis, 100 s. ; les trois *molettes* (petites meules de foulons ou d'émouloir à aiguiser ou à forer) de Brisecou [3], 13 d. ; les habitants d'Auxy, 30 l. 5 s. ; la maison de Robert des Preus, 20 s. Diverses ventes de bois avaient produit

1. Arch. de la Côte-d'Or, B, 1255.
2. *Cartulaire de l'Église d'Autun*, par A. de Charmasse, 1er vol., p. 311.
3. Brisecou, com. d'Autun.

E. F.   9

12 l. 3 s. La somme totale des recettes de la Toison s'élevait seulement à la modique somme de 79 l. 13 s.

Malgré sa modestie, le manoir n'eut pas moins l'honneur d'héberger le duc Eudes IV pendant le séjour qu'il fit dans l'Autunois en 1348.

Après avoir quitté Dijon le 31 mars, et passé à Argilly et à Volnay les 1er et 2 avril, le duc arriva à Grôme, où il coucha le jeudi 3, et à Autun le vendredi 4, où il séjourna. Il profita de ce séjour pour faire opérer, en sa présence, la pêche du grand étang de la Toison. On était alors en carême et cette pêche eut sans doute pour objet de pourvoir à la nourriture du duc et de sa suite.

D'Autun, le duc se rendit le dimanche 6 à Montcenis, où il passa les fêtes de Pâques (20 avril) et demeura jusqu'au 23 avril, soit pendant l'espace de dix-sept jours.

Les dépenses faites pendant ce séjour comportent le transport, de Dijon à Montcenis, de lamproies destinées à la table ducale et la confection d'une *fauce* ou vivier pour héberger le poisson. Pendant son séjour, le duc reçut en présent de l'abbé de Saint-Ciergues d'Angers vingt-huit lamproies, vingt-une anguilles et un saumon. Il quitta Montcenis le jeudi 24 avril pour aller dîner à la Toison et coucher à Grôme, d'où il partit le 25 pour retourner à Dijon, en s'arrêtant successivement à Saint-Romain, près de Nolay, à Volnay, à Vignolles, à Argilly et à Rouvre. Pendant son séjour à Autun, le duc fit acheter pour le service de sa table trois mille poires de *Roussot* (Rousselet), par les soins de *Jehan Pichinaut*, vierg d'Autun, dont le nom est à ajouter à la liste de nos viergs. Nous ignorions que notre pays fût aussi fertile en poires de *Roussot*. On aurait assurément quelque peine à en trouver autant aujourd'hui, surtout à un tel moment de l'année.

Ces extraits de comptes indiquent qu'en 1348 les châteaux de Grôme, de la Toison et de Montcenis étaient encore en état d'héberger le duc et les personnes de sa suite. Sans doute les princes étaient alors moins exigeants et moins difficiles à satisfaire que les simples particuliers de nos jours. [1]

Agnès, duchesse de Bourgogne, fille de saint Louis, avait de même séjourné à Autun, hôtesse du prévot de Sussey, le 14 décembre 1316, où sa dépense avait été de XI sous, au château de la Perrière, le 15, et à Montcenis le 16.

Les comptes de 1350 produisent des recettes de nature différente, et notamment : le droit d'usage dans la forêt de Planoise, pour lequel le prieur de Saint-Racho d'Autun payait 5 s. ; le maître de la Maison-Dieu de Marchaut, 2 s. ; les habitants d'Auxy, cinq petits pains et deux *chandoilles ;* ceux de Couhard [2] et de *Courbigny* [3], 15 s. 4 d. Les exploits de la justice rendaient 12 l. 10 s. La vente du poisson du petit étang avait produit, pour 544 pièces de carpes, à raison de 13 l. le cent, 73 l. 9 s. Une autre vente de 80 pièces avait donné 10 l. La vente des garennes de Chanteloup [4] « en tondue » entrait pour une recette de 11 florins. Les comptes de 1351 ajoutent aux recettes le profit des paissons des forêts de Planoise et de Riveau [5] et les ventes de bois, ce qui porte le produit de la châtellenie à 143 l. 8 s. 6 d.

Aux dépenses figurent des achats de quinze mille d'ais-saules (tuiles de bois) dont Hugues Berberat devait recou-vrir la maison de la Toison, et aussi « VII sols pour appoiller le fer dou molin de la Toison qui estoit brisiez. »

Les registres de 1353 et 1356 présentent le détail des réparations exécutées à la maison forte de la Toison. C'est,

---

1. *Histoire des ducs de Bourgogne de la race capétienne*, par Ernest Petit, t. VIII, p. 63.

2. Com. d'Autun.

3. Fillouse, com. d'Autun, que l'on nommait ainsi d'une grange que l'abbaye de Corbigny possédait au même lieu.

4. Aujourd'hui les Revirets, com. d'Autun.

5. La forêt de Riveau, dite aujourd'hui la *forêt Sacrée*, aliénée par le domaine après 1830.

en somme, le seul document qui puisse nous donner une vague idée de ce qu'était ce château dont les ruines, depuis plusieurs siècles, se cachent sous les lierres et sous les violiers à fleurs jaunes.

Voici le texte in extenso :

Depenses de deniers en 1353 : Cest assavoir pour fere tout a nuef de pierres de taille les quarries des chambres assies de la Toyson qui sont costé le preaul et pour une eguie [1] de pierre de taille qui boute contre ladicte esquarre [2], et pour refere les murs dudit preaul qui estoient cheoiz.

Depenses de 1356 : Cest assavoir pour XX^m d'aissaules et II^m de lates....... pour œvres de chapuiserie [3] faites en ladite maison, cest assavoir pour faire et raparoilier les degrez de la chambre Mons. tant de seules [4] comme de degrez et eslargir la couverture pardessus. Fere une nouhe sur lesdiz degrez, rapparoillier les degrez costé la chapelle et la couverture dessus et fere comme le chenaul qui est devant ladite chapelle pourtant sur une piece de bois et changier a nuef ledit chenaul. Changier et fere a nuef un tronceon de seules es loiges devant la chambre Mons. Changier aussi et faire a nuef toutes les sueles de bois au long des chambres de la grant salle en la pendise devers la coysene, adoubler les entrepans desdites chambres. Item retenir et rebouter a force contre ladite saule les loiges d'icelles qui estoient reculées arrière. Changier I tiran de la coisene, covrir tout le pont days [5] et faire ycelli pont quil levoit et bassoit. Changier VIII pieces de bois environ pour ledit pont et le batant sur la porte, feire ladite porte toute a nuef, cloure tout ledit pont de ceay et delay jusques au chauffault et refere a nuef la pendise de la chambre du chastellain costé les estaubles, et estaichier et faire tout le chambrey [6] qui estoit cheoiz en laditte maison....... pour fere a nuef et mettre ou chauffault de ladite maison lune des IIII grosses columnes de bois qui portent et soubstiennent tout ledit chaufault [7] laquelle en facent louvrage dessus dit hay estez trovée porrie. Et pour feire les broies pour soustenir a force tout ledit chaufaut pour

1. Digue.
2. Carré.
3. Charpenterie.
4. Solives.
5. De charpentes.
6. Treilles, lattes
7. Hourd.

mettre ladite columne et pour reffeire et mettre en estat les degrez dudit chauffaut avec charriage des ays.

Somme du tout........................ XXIII[ll] VIII s. t.

Et plus loin, quelques deniers supplémentaires :

Pour trancher es bois de Planoise et esquarrer a ligne X gros plots de bois de VIII piez de lont et de I pie de large, chascun plot pour fere des ays à la seye[1] pour mantelet tout environ le chauffant de bois de la Thoyson.

Il ressort de ces données que la maison forte de la Toison, défendue extérieurement par des fossés à pont-levis et par des hourds à mantelet, se composait, à l'intérieur, d'une grande salle attenante à d'autres chambres, d'une cuisine, d'une chapelle, de la chambre du châtelain et de la chambre ducale, sans doute au premier étage, puisqu'on y arrivait par des escaliers. Il y avait en outre, dans l'enceinte fortifiée, des étables et des communs.

En ce qui concerne les comptes de la châtellenie, nous croyons inutile d'y insister, car ils varient peu et n'offrent qu'un intérêt médiocre, d'autant que les châtelains ou receveurs de Glenne furent généralement chargés des recettes de la Toison. Signalons seulement quelques particularités notables d'un compte de gruerie de Drouin de Brunay, en date de l'année 1377. Il nous fait savoir que les habitants de Charbonnières[2] et de Chailly[3] « doivent le cherroit de quatre chevauz pour mener vin pour mondit Sr de Pommard ou de Voulenay a Ostung ou a la Thoison. » C'est un indice que la Toison servait alors de résidence à quelque officier ducal. Le même compte mentionne qu'on a apporté de l'étang de Torcy[4] 25 carpes pour le petit étang de la Toison « lequel a acoustume de herer, » et pour les deux autres étangs, 500 carpes achetées à l'étang de

---

1. Scie.
2. Les Charbonnières, commune de Saint-Émiland.
3. Chailly, commune de Saint-Émiland.
4. Torcy, canton du Creusot.

Longpendu [1]. Nous trouvons en recette 80 bichets d'avoine « que devoit Perrot Mariotte pour ladmodiacion du molin de la Toison. »

Le forestier de la Toison était alors Jehan de Lucenay et ses gages s'élevaient à 10 livres par an et à 30 bichets d'avoine.

Rien de spécial ne marque plus l'administration de la châtellenie jusqu'à l'année 1423. Nous savons que, à cette époque, Glenne et Roussillon furent compris dans l'apanage de Mme de Guyenne, comtesse de Richemont, mais il est à noter que la Toison fut exceptée de la constitution de dot. [2]

Regnaud de Thoisy en conserva la garde jusqu'à sa mort survenue en 1450.

Guillaume Charvot lui succéda, et prit le titre de châtelain de la Toison.

Dix-neuf ans plus tard, ce titre appartenait à Huguenin Berthier, ainsi qu'il ressort d'un bail à cens passé par lui au nom du duc, le samedi après la fête de saint Antoine 1469 [3], à Jehan des Planches, *alias* Philippe, demeurant à Geunant [4]. Ce bail concernait le mex du Boulay, anciennement nommé *au Dechaut*, et situé sur la limite de la châtellenie de la Toison, au pied de la Garenne de Chanteloux, près de Mondreu et de la Garenne de Saint-Jean d'Autun. Les conditions stipulaient le paiement annuel et perpétuel, à la Saint-Martin d'hiver, d'une rente de six gros vieux valant 10 sous tournois et d'un denier de cens. En outre, Jean des Planches s'engageait à faire construire à ses frais, dans les quatre ans, un moulin qui lui servirait en même temps de résidence.

Lors de la réunion de la Bourgogne à la couronne de France, Louis XI, pour récompenser les services de son capitaine François de Ferrières, écuyer, lui donna pour lui,

1. Longpendu, commune d'Écuisses.
2. Arch. de la Côte-d'Or, B, 4850.
3. 21 janvier.
4. Arch. de la Côte-d'Or, B, 1254.

ses hoirs et successeurs, « à toujours et sans aucun rachat », la seigneurie de la Toison, par lettre du mois de mars 1478 après Pâques, et au mois d'octobre 1480. Au reste, ce ne fut pas tout, car le cahier des aliénations du domaine mentionne une rente de 100[ll] sur « la Saunerie de Salins », octroyée par le roi à François de Ferrière.

La recette fut alors confiée à Antoine Charvot, dont les comptes de 1486 relatent, comme seule particularité notable, le produit de l'amodiation de la chasse aux écureuils. [1]

Charvot conserva sa charge jusqu'en l'année 1500, où Philippe Le Goulx le remplaça. Le coût de son registre pour la rédaction, le parchemin et le papier se montait alors à 17 sous 6 deniers. Jean Charvot prit, en 1506, la succession de Le Goulx et fut en même temps gruyer de Montcenis. Il constate, en 1509, que la recette du moulin de la Toison est nulle, parce qu'il est en ruines, et qu'on n'a pu trouver personne qui le veuille amodier[2]. « Il n'y a donc, ajoute-t-il, que la place seulement qui est peu de chose. Ledit moulin a bien été mis en vente publique, mais on n'a trouvé personne qui en ait voulu donner aucun prix. »

Jean Charvot garda la recette de la Toison jusqu'en 1537, époque où, pour les raisons fiscales dont nous avons parlé à propos de Glenne, la Toison fut mise en vente.

Noble homme et sage Me Claude Mussard, docteur en médecine, demeurant à Autun, s'en rendit acquéreur et produisit ses titres le 26 mars 1540, constatant que l'achat comprenait tous les droits attachés à la seigneurie, sans en excepter la justice.

Les étangs, toutefois, avaient été réservés, car on en fit une adjudication spéciale en 1548, ainsi que de la moitié des amendes en provenant, pour la somme de 528[ll], au Sr Rabiot, d'Autun. Les réserves ordinaires s'étendaient

1. Arch. de la Côte-d'Or, B, 4885.
2. Arch. de la Côte-d'Or, B, 5379.

aussi aux bois dont Antoine Charvot conserva longtemps l'administration.

Nous n'entrerons pas dans de nouvelles explications sur la manière dont le trésor royal remboursait les acquéreurs de ses domaines pour en tirer meilleur parti ; nous renvoyons, à ce sujet, aux transmissions de Glenne.

Qu'il nous suffise de rappeler que c'est conformément à cette manière de faire, que Claude Mussard fut remboursé en 1570, et qu'un nouveau contrat d'aliénation fut passé, le 8 avril de cette même année, avec Philibert Tixier, vierg d'Autun, pour la somme de 606 ʰ 13 s. 4 d. Les fruits et émoluments de la seigneurie engagée consistaient en « argent, avoine, cens, rentes, corvées, afforetages du bois Bogey, au col à la Berthe, amendes en provenant et tous droits de justice. »

Étaient exclus du bail : « les trois étangs, les grands afforetages qui se feront à bestes, chars, charrettes, charbonnerie, vaine pature, grande et menue cerclerie avec les coupes de garennes. » Cet état de choses dura jusqu'en 1596, époque où se produisit un changement général, par suite du remboursement des détenteurs de la seigneurie et des étangs. Le possesseur de la Toison était alors Antoine Tixier, fils et héritier de Philibert Tixier.

On le remboursa pour mettre la seigneurie en adjudication : — Pierre Jeannin, nous le savons, se créait à cette époque un vaste domaine aux environs d'Autun. La Toison touchait à Montjeu[1], et devait, à ce titre, attirer son attention. Il en fut déclaré adjudicataire, comme engagiste, moyennant 1,157 écus 4 francs 8 sols, le 29 juillet 1596, mais n'obtint pas la justice[2]. Celle-ci avait été jointe aux trois étangs dont noble Guy Blondeau, Sʳ de Sivry, notaire et secrétaire du roi et des finances, grand maître enquesteur et général réformateur, grand gruyer et louvetier, s'était

---

1. Montjeu, commune de Broye.
2. Arch. de la Côte-d'Or, B, 1254.

rendu acquéreur, le 3 janvier précédent, en poussant les enchères à 1,000 ll. [1]

Quant aux anciens possesseurs, honorable Lazare Rabiot, bourgeois, citoyen et échevin d'Autun, héritier de l'acquéreur de 1548, et Jean Thiroux, bourgeois d'Autun, on les remboursa après la production qu'ils firent de leurs titres, le 22 novembre 1596.

Cependant, Pierre Jeannin aspirait à devenir possesseur des domaines de la Toison dont il n'était qu'engagiste. Son crédit à la cour lui fit espérer qu'une proposition raisonnable serait bien accueillie, et, dès lors, il mûrit le projet d'un échange. Comme il possédait, dans la paroisse de la Grande-Verrière, le territoire de Senavelle [2] qui touchait à la châtellenie royale de Glenne, Jeannin fit ressortir qu'il serait avantageux pour l'État d'agrandir le domaine de la Couronne, en acceptant Senavelle en échange de la Toison. La proposition fut admise en principe, à la condition qu'on joindrait à Senavelle une partie de la Perrière [3], située dans la paroisse d'Étang [4], et, dès l'année 1613, l'État fit procéder à une visite des territoires et à leur estimation. Senavelle et la Perrière n'ayant ici qu'un intérêt secondaire, bornons-nous à donner du terrier de la Toison, de 1613, les extraits principaux.

Ce terrier fut rédigé par Jacques Venot, conseiller du roi, maître ordinaire des comptes, assisté de M° Denys Rabiot, avocat à Autun, Hugues Desplaces, notaire royal au même lieu, Zacharie Desplaces, et plusieurs autres détenteurs d'héritages.

1. Arch. de la Côte-d'Or, B, 490. La famille Blondeau a fourni plusieurs conseillers au parlement de Bourgogne et des présidents au parlement de Metz. L'un de ses membres, Jehan Blondeau, s'était rendu acquéreur, en 1592, de la tour et de la terre de Sivry, sur les héritiers de Marie de Montjeu. Les Blondeau portaient « d'or au chevron d'azur brisé à la pointe d'un croissant d'argent accompagné de 3 œillets de gueules feuillés et soutenus de sinople. » (V. *Montjeu et ses Seigneurs*, par Doret et de Monard, *Mém. de la Soc. Éd.*, t. IX, p. 153.)

2. Senavelle, commune de la Grande-Verrière.

3. La Perrière, commune d'Étang.

4. Étang-sur-Arroux.

Boys de haulte fustaye au roy. [1]

1. Foret des Batys, avec droit d'usage et de vaine pature aux habitans ; elle a une lieue de circuit.

2. Foret de Riveaul [2] de 200 journaux.

3. Les grandes Garennes [3] de 200 journaux.

4. La garenne Bretin de 60 journaux.

5. Le boys de Pierre Luzière [4] de 400 journaux.

6. Le boys des Ygaulx [5] de 50 journaux.

7. Forets d'entre les Moulins pres d'Auxy de 20 journaux.

8. Les boys appelés es Essares [6] de 80 journaux.

9. Les boys de Prodhun [7] de 3 lieues de circuit, dont jouissent les abbés et le couvent de Maizière.

Boys taillis.

1. La garenne de Chanteloux de 100 journaux.

2. La garenne de Montperoux de 50 journaux.

3. Le boys à Sarpe de 2 journaux.

4. Le boys Bougyer pres d'Autun de 400 journaux.

5. La garenne de Montmain [8] de 60 journaux.

6. Le bois Bretin de 25 journaux.

Avec leurs droits d'usage et de vaine pature, les habitans de la Toison sont exempts du droit de péage et de vente appartenant au roi en la ville d'Autun.

Estangs.

3 de présent en bonnes réparations :

1. Le grand Estang [9], de 16 journaux, tenant de levant au grand chemin allant d'Autun à Montcenis, de couchant, au prey de l'Estang à Mᵉ Hugues Desplaces, de midy au boys des Charrières [10] et à l'ancien chastel de la Toyson, et de septentrion es terres dudit Bourson.

2. L'estang des Paillards, de 8 journaux, tenant de levant audit

1. Les localités n'ayant pas d'identification ont disparu ou ont changé de nom.
2. Forét Sacrée déjà citée plus haut.
3. La Garenne, commune d'Antully.
4. Pierre-Luzière, commune d'Auxy.
5. Les Igaux, commune de Broye.
6. Les Essarons, commune d'Autun.
7. Prodhun, commune d'Antully.
8. Montmain, commune d'Autun.
9. Étang actuel de la Toison.
10. Actuellement parc de Montjeu.

prey de l'estang, de couchant à ung champ et prey appelé le champ des Paillards, audit Bourson et à J. de Montoy, de midy à un boys appelé le meix Beaufils et en septentrion au boys de l'estang.

3. L'estang Descombes, de 3 journaux, tenant de levant au grand chemin d'Autun à Montcenis, de couchant au Champ Descombes, de midy auxdits champ et chemin, et de septentrion au prey Momey et au boys Desfarry.

L'eau desquels estangs s'admodie par pesche six vingt livres quest 60[ll] par an sans que les admodiateurs soient tenus à aulcunes réparations.

La châtellenie était alors limitée par le chapitre d'Autun représenté par Louis Pigerot, chanoine, par Hugues Desplaces, procureur d'office du chapitre, et aussi de noble et religieuse dame Anne de la Magdeleine, abbesse de Saint-Jean-le-Grand, à Autun, dame Françoise de Damas, prieure de Saint-Julien-sur-Dheune, dame de Saint-Georges[1]. Enfin la Toison touchait encore à la seigneurie de Montjeu, propriété de Pierre Jeannin.

Énumération des meix dépendant de la Toison.

1. Le meix de la Chaulme[2], de Beaufils, des Michelots, des Paillards, à Me Hugues Desplaces, notaire royal d'Autun. (Ce meix comprend maisons couvertes en paille, chambres, granges, four, prés et terres. Sa redevance annuelle à la Toison est de 12 s. t. en argent, et 12 boisseaux d'avoine au comble à la mesure d'Autun.) Il renferme aussi quelques terres à Boisson.

2. Le meix des Charconneaulx, ou des Choppins, à Jacques Foucault, marchand d'Autun, Jean Nyvot, Mangeot et Jean de Montoy, Antoinette Chopin veuve de Hugues de Byère. Il comprend des batiments et des terres. Sa redevance est de 102 s. t. en argent et 24 boisseaux d'avoine.

3. Le meix des Combes[3], à present appelé des Gaudoyres, à honorable Nicolas Contault, Jean Bourson et Vivant Nyvot. Il se compose de terres, de prés, de maisons et de bois. Sa redevance annuelle est de 6[ll] 12 s. 2 niquets tournois et 4 boisseaux d'avoine.

1. Saint-Georges, commune d'Autun.
2. La Chaume, commune d'Autun.
3. Les Gaudoirs, commune d'Autun.

4. Le mèix Descloix [1], composé de 3 chats de maisons ou may-sieres, granges, jardin, chauffaux, prés, terres et bois ; d'une may-sière [2] au village des Cloix où il y avoit un chauffaul et toict de bestal. Du champ de la fontaine Saint-Georges [3]. Les tenanciers sont : Jean Bourson, des Gauldoyes, Nicolas Contault, marchand à Autun, Pierre Bertrand, clerc résidant au faubourg Saint-Blaise d'Autun. Sa redevance annuelle à la Saint-Martin d'hiver est de 3^{ll} 12 s. t. en argent et 15 boisseaux d'avoine.

5. Le meix des Toppes, sous le meix des Blanchots [4], composé de mazieres, terres, prés et bois, appartient à Pierre Bertrand, clerc. Sa redevance annuelle est de 4 s. 4 d. t. et 1 boisseau 1/2 d'avoine.

6. M⁰ Denys Rabyot, avocat demeurant à Autun, reconnait une maison qu'il fait construire au village des Blanchots, celle qu'y possédait son père ayant été brulée pendant le siège d'Autun « depuys lequel temps ledict village auroit este sans habitations. » Avec la maison quelques terres et prés. Sa redevance annuelle est de 58 s. t. et 13 boisseaux d'avoine.

7. Michelette Clivert, veuve d'Anthoine Jondot, tant en son nom qu'au nom des héritiers feu François du Cerne, Benoiste Chaulme-reaul, Lazaire Deschappey, tant en son nom qu'au nom des autres héritiers, Fiacre de Byere et Claude Anceaul, tous paroissiens de Broyes, reconnait diverses terres aux Blanchots. Sa redevance annuelle est de 46 s. 4 boisseaux d'avoine.

8. Nicolas Jeannin, conseiller aulmonier du roy, abbé des abbayes de Saint-Benigne de Dijon et la Bussière, doyen de l'église cathe-drale d'Autun, procureur special de Mʳᵉ Pierre Jeannin, conseiller du Roy en son conseil d'État, baron de Montjeu, son frère, reconnait la Garenne et le pré de la Chalmote au finage des Cloix. Sa rede-vance annuelle est de 16 s. 2 d. et 4 boisseaux.

9. Le meix des Boys, comprenant maisons, pres, terres et bois à M⁰ Georges Buffot, praticien d'Autun, fils et ayant droit de hono-rable homme Baptiste Buffot, marchand dudit lieu. Sa redevance annuelle est de 30 s. et 4 boisseaux d'avoine.

10. Le meix de Boys le Duc [5] comprenant maisons, etables, terres, prés et bois, à Antoine Tixier et à M⁰ Hugues Desplaces, notaire

1. Les Cloix, commune d'Autun.
2. Ruine, masure.
3. Saint-Georges, commune d'Autun.
4. Les Blanchots, près de Fragny.
5. Bois-le-Duc, commune d'Autun.

royal à Autun, pour lui et pour son frère Zacharie Desplaces. Sa redevance annuelle est de 3ʰ 2 s. et 15 boisseaux d'avoine.

11. Le meix Boulley, comprenant terres et bois à noble Anthoine Tixier, sieur d'Orné. Sa redevance annuelle est de 17 s. 8 d. t.

12. Le meix *au Chastelain* [1], amodié par le chatelain du roi, Jacques Venot, donne et entrage perpetuellement à Jean Nyvot du village des Gaudoires le meix au Chastelain, autrement meix Mazoyer, comprenant bois taillis, pres, terres, selon que cy devant Jean Bornon l'avoit amodié de Mʳᵉ Anthoine Anthouard, chatelain, à vil prix. L'entrage est fait à Nyvot moyennant deux cents de fagots qu'il doit conduire à Autun ou en quelque lieu que voudra le Sʳ de la Toyson, l'ayant eu par eschange naguerre de Sa Majesté et contre eschange des terres et justice de Senavelle.

13. Le meix aux Biere [2] comprenant une maison appelée la Maison Rouge [3] avec 3 journaulx de terre et 4 soitures de prés ou buissons, à André Ferrant, conseiller au bailliage et chancellerie d'Autun, au nom et comme mari de dᵐᵉ Louise Cartier. Sa redevance annuelle est de 5 s. t. de rente.

Autres cens de la Chastellenie.

Vivant Bartrer, du village d'Auxy. (Quelques champs.) Jean Simon, Philibert Nouveaul, Lazaire Nouveaul, Claude Godillot (du village de Repas [4], paroisse d'Auxy), Lazaire Mailly, boulanger d'Autun, fils de Jean Mailly d'Auxy; Fiacre Chaussard, d'Auxy; Lazaire Perreaul l'ancien; Mangeotte de Fontayne veuve de Claude la Chaille; Hugues Ligier de Charbonnières en son nom et au nom de noble Alexandre Magnin Sʳ de Chailly-Pauldoye; Jean Renyer l'ancien (du village de Bauldeaulx paroisse N.-D. du Chastel d'Ostun); Philibert Magnin du même village; Dᵉ Marie d'Auzon du village de Riveault; Nicolas Ladone, avocat à Autun, acquéreur de Esme Moyne; honorable homme Zacharie Desplaces au nom et comme mari de Dᵉ Abbigaye Tixier; Pierre Balard, marchand à Autun.

Suit mention d'une aliénation en date du 8 avril 1575, par le ministère de Philibert Jaquot, chevalier, Sʳ de Neully, 1ᵉʳ président en la Chambre des comptes de Dijon. Cette aliénation concerne la Garenne de Chanteloux vendue à Edme Barbotte et consorts d'Autun, pour 6ˡˡ de rente annuelle et perpétuelle.

---

1. Actuellement parc de Montjeu.
2. Bierre, commune de Broye.
3. Maison Rouge, commune de Broye.
4. Repas, commune d'Auxy.

Limites de la Toison.

Jean Bourjon, forestier, Jacques Fourcault, garde des bois du roy, et Pierre Bertrand, ont dit : Que ladite terre et châtellenie de la Thoison a son estandue du costé de soleil levant le long des bois de Planoise et de lesdits bois et d'aultres dicts es Lendry et Garenne Bretin, passant du coste de midy, tous lesdits bois appartenant au roy, entre lesquelx bois de Lendry et Garenne Bretin et le meix de Saint-Georges appartenant à ladite dame prieure de Saint-Julien soubz la haulte justice du roy, sans préjudice des bois de ladite dame et continuant du mesme costé de midy jusques aux champs de la Barre iceulx exclus dependans du village de Chevannes [1] appartenant à ladite prieure de Saint-Julien et en la totale justice dudit lieu tirant jusques aux bois appelés le bois du Rege(?) appartenant au roy, et d'iceluy au village de Montmaison [2] une muree entre deux les villages de Montmaison audit Sr Jeannin. Les autres limites étaient : La justice de Montjeu, le ruisseau de Goutty, le petit Montjeu, au dessus du petit étang, le village des Chopins, le reul de Montdru, le village de Bos-le-Duc, le village de Chanteloux, le Grand chemin des Bruyères, la foret de Riveaul et la Garenne Saint-Claude. [3]

Ensuite des enquêtes qui motivèrent la rédaction de ce terrier, l'échange proposé de la Toison contre Senavelle et partie de la Perrière fut définitivement admis par un arrêt du conseil suivi de lettres patentes en date du 16 janvier 1614. [4]

A partir de cette époque, la Toison se confond avec Montjeu et demeura près d'un siècle aux Jeannin de Castille.

Un dénombrement de Montjeu, présenté le 23 juillet 1642 par les héritiers de Charlotte de Castille, nous fait savoir que les hommes dépendant de la Toison sont de franche condition. L'énumération comprend les villages des Gaudoires, de la Chaulme, des Choppins, de Bois-le-Duc, des

1. Chevanne, commune de Broye.
2. Montmaison, commune de Broye.
3. Saint-Claude, commune d'Autun.
4. Arch. de la Côte-d'Or, B, 36.

Sacquets [1], des Cloix, des Blanchots et celui du Bos qui était en la paroisse d'Antully. Tous les autres, à part ce dernier, étaient paroissiens de Saint-Jean de la Grotte et de Notre-Dame d'Autun, hors cité. [2]

Deux faits, vers cette époque, intéressent la Toison. L'un d'eux tient un peu de la légende.

Il existait, paraît-il, sur les terres de la Toison, un ermitage fondé jadis par un baron de Montjeu et consacré sous le vocable de saint Claude. En 1655, le solitaire qui occupait cet ermitage avait constaté, près de sa demeure, des vestiges de plomb argentifère. Sur son rapport, on découvrit, à peu de profondeur, une mine qui demeura pourtant à peu près inexploitée pendant près d'un siècle. Et lorsque Louis-Léopold de Lorraine, croyant trouver là une source de fortune, obtint, en 1740, le privilège de l'exploitation, celle-ci fut si maladroitement poussée, qu'elle ne produisit rien et dut être abandonnée aussitôt. On prétend que le dernier ermite de Saint-Claude disparut en 1725. [3]

Le second fait remonte à 1710. On découvrit, cette année-là, au bas de la montagne, non loin du château de Saint-Blaise, dit aussi Petit-Montjeu, quelques pièces d'or qui furent enlevées par un orfèvre. Les signes incompréhensibles gravés sur ces pièces les firent prendre pour des monnaies arabes que les Croisés auraient autrefois rapportées de Palestine [4].

Les transmissions de Montjeu et de la Toison, jusqu'à la Révolution, furent les mêmes que celles de la châtellenie de Glenne. On trouvera dans l'historique de cette dernière les circonstances qui firent passer les domaines en question des Jeannin aux mains des Guise, des d'Aligre et des Lepelletier de Saint-Fargeau.

---

1. Les Sacquets, commune d'Autun.
2. Arch. de la Côte-d'Or, B, 10739.
3. *Voyage pittoresque en Bourgogne* (1833.)
4. Idem.

En 1798, cinq ans après l'assassinat de son père, Mlle Lepelletier de Saint-Fargeau avait épousé le Hollandais de Witt. Leur union fut de courte durée et se termina par un divorce en 1800. C'est alors que Mlle de Saint-Fargeau se remaria avec son cousin, le comte Lepelletier de Mortfontaine. Leur fille épousa le comte de Talleyrand.

Ainsi la terre de Montjeu échut, au commencement du dix-neuvième siècle, à la famille de Talleyrand-Périgord. Elle en sortit bientôt pour passer au prince Henri de Ligne lors de son mariage avec la fille du comte de Talleyrand et de Mlle de Mortfontaine. Montjeu reste depuis cette époque la propriété de la famille de Ligne, mais c'est à peine si le souvenir de la Toison se conserve encore par l'étang qui en a gardé le nom.

>I<

Autun. — Imp. Dejussieu.